HEYNE KOCHBÜCHER

Eva Exner

Biologisch *Backen*

200 Rezepte für Brot und Gebäck aus vollem Korn

Originalausgabe

WILHELM HEYNE VERLAG
MÜNCHEN

HEYNE KOCHBUCH
Nr. 07/4396

2. Auflage

ISBN 3-453-40381-9

Inhalt

Abkürzungen:

1 EL = 1 Eßlöffel = ca. 15 g
1 TL = 1 Teelöffel = ca. 5 g
1 Msp = 1 Messerspitze

Biologisch backen – warum ist es so wichtig?

»Man darf annehmen, daß alles, was die Erde an Nahrung hervorbringt, uns vom Schöpfer in der schuldlosesten Form angeboten wird. Und wer die größte Sorge trägt, daß es unverändert bleibt, gewinnt auch den größten Vorteil.«

PFARRER KNEIPP

Viele von uns werden von Ängsten, von Allergien und Nervosität geplagt. Körperliche Schäden, von den wohl nicht lebensbedrohlichen, doch äußerst lästigen Kopfschmerzen über Schlafstörungen, über Übergewicht und Gelenkschäden bis zu tiefgreifenden Fehlfunktionen der Organe beeinträchtigen unser Wohlbefinden.

Wir können uns zwar auf lange Sicht gegen die Vergiftung der Luft, des Wassers und andere Eingriffe in die Natur wehren, aber schon heute sollten wir beginnen, unsere Ernährung zu reformieren.

Heute ist das tägliche Brot, um das Jahrtausende lang der Mensch betete, meist wertlos. Kulinarisch nichts als eine fade, den Zähnen kaum Widerstand bietende Kaumasse, enthält es auch nichts von dem, was wir brauchen, um an Körper und Seele gesund und harmonisch leben zu können. Dabei ist gerade im Korn eine solche Fülle von lebenswichtigen Stoffen enthalten.

Zitieren wir dazu noch einmal Pfarrer Kneipp. In seinem schon klassisch gewordenen (und auch von biologisch Denkenden und Lebenden allzu selten gelesenen »Testament« mit dem klaren Titel *So sollt Ihr leben* sagt er: »Unsere Getreidearten würden vorzügliche Nährstoffe fürs menschliche Leben liefern, wenn sie nur naturgemäße Verwendung finden würden. Es gab eine Zeit, wo die Menschen Körner aßen und dabei recht gesund blieben und das höchste Alter erreichten.«

Kneipp war also schon vor mehr als hundert Jahren mit dem Brot unzufrieden. Was würde er erst heute sagen? Müssen wir nicht endlich daran gehen, Brot wieder zu dem zu machen, was es sein kann?

Noch einmal zu Kneipp: »Die meiste Kraft ist in der Hülle der Frucht, welche den Kleber einschließt. Und von der Hülse bis zur Mitte nimmt der Nährwert immer mehr ab. Da beim Getreide in der Hülse die meiste und beste Kraft enthalten ist, so geht uns heutzutage das Beste davon verloren.

Man macht viel Rühmen von den neuen Auszugsmehlen oder Kunstmehl, man kann aber sagen, es ist das meiste und beste der wahren Kraft und Güte herausgekünstelt und nur armseliger Nährstoff ist im feinsten Mehl übriggeblieben. Wenn daher die Leute jetzt nur mehr Kunstmehl kaufen und dieses zu ihrer Speise bereiten – wie armselig werden sie davon ernährt! Mache einer einmal den Versuch und nehme er reines, grobgemahlenes Kleiemehl, Naturmehl, und lasse sich beim Bäcker Brötchen daraus backen. Lasse er dann auch solche aus Kunstmehl herstellen. Vergleiche er hierauf beide Brotsorten miteinander, so wird er kaum glauben, daß beide von demselben Getreide gemacht seien.«

Vollkorngebäck, und zwar das echte aus wirklich vollem Korn (es gibt leider eine Menge »schwarze Schafe« unter dem angebotenen Vollkorngebäck, das werden Sie schmekken, wenn Sie erst einmal selber backen!), hat ein ganz ande-

res, viel intensiveres Aroma als Gebäck aus Industriemehl.

Nicht jedem behagt das zu Beginn. Der typische, intensive
Geschmack von vollwertigem Gebäck ist vielen während der
Umstellung zu streng. Nach den ersten Backversuchen wird
dann die eigene Bäckerei eingestellt. Lassen Sie sich deshalb
nicht vom ersten und auch nicht von den danach folgenden
Backversuchen entmutigen. Brot und Brötchen, Fladen und
Feingebäck werden Ihnen mit jedem Mal besser gelingen
und besser schmecken – so gut, daß Sie dann nie mehr darauf verzichten wollen.

»Soll es bei der Menschheit wieder besser werden, so muß
große Sorge darauf verwendet werden, daß unverfälschte
Nahrungsmittel überhaupt und besonders gutes Naturmehl
in die Küche kommt!« so wieder eine Forderung von
Kneipp.

Wie alle anderen Erkenntnisse Kneipps um den Nutzen naturnaher Lebensführung wurde in den letzten Jahren von
fortschrittlichen Ärzten und Wissenschaftlern auch seine
Erfahrung um den Wert der Vollkornmehle auf ihren Wahr-
heitsgehalt untersucht und für verblüffend richtig, ja für das
Überleben unserer Zivilisations-Nationen sogar als notwen-
dig befunden.

Wie der inzwischen in aufgeschlossenen Fach- wie auch Lai-
enkreisen berühmt gewordene »Mönchsweiler Kreis« um
den Zahnarzt Dr. Johann Georg Schnitzer anhand einer Fülle
von Patientenberichten inzwischen herausfand, sind beinahe alle unsere sogenannten Zivilisationskrankheiten eine
Folge dieser von der Natur abgetrennten Ernährung, besonders aber von raffiniertem Zucker und stark ausgemahlenem
Mehl.

Vollkornbacken ist die Lösung vieler Probleme. Deren Liste
ist beinahe unübersehbar und zudem sicher noch unvoll-
ständig. Wie man heute aber sicher feststellen konnte, be-

ruhen der beinahe seuchenartige Zahnverfall mit dem gefürchteten Zahnfleischschwund, der Paradentose, ebenso auf »falschen« Nahrungsmitteln wie die Stoffwechselschäden, die so unwahrscheinlich vielschichtige Krankheitsbilder wie Übergewicht, Diabetes, Störungen der Leber- und Gallefunktion, Gicht und Rheuma hervorbringen. Dies alles läßt sich mit Vollkorn vermeiden, ja, heilen.

Mit Vollkorngebäck müssen Sie sich auch vor Stuhlverstopfung und ihrer so lästigen, beinahe zur Volkskrankheit gewordenen Nachwirkung, dem Kopfschmerz, vor Bandscheibenschäden, Arthritis und Arthrosen sowie Arterienverkalkung nicht fürchten. Auch die Anfälligkeit gegen alle Infektionen vom harmlosen, doch lästigen Schnupfen bis zu den lebensbedrohlichen Infektionen führt man heute ebenso wie Allergien auf die Zivilisationsernährung zurück. Wen wundert es da noch, daß man annimmt, auch Krebs könne sich im ernährungsgeschädigten Körper viel leichter einnisten als im gesunden? Und mit Freude vermerkt wird von allen Vollkornbäckern, daß auch Depressionen schwinden, wenn Sie im Einklang mit der Natur leben und essen. Daß das im Getreide reichlich enthaltene Vitamin B in allen seinen Formen reine Nerven-Medizin ist, ist wissenschaftlich erwiesen – natürlich sorgt auch das für die innere Harmonie, deren wir jetzt mehr bedürfen als irgendwann zuvor.

Wir haben für Sie eine bunte Reihe der verschiedensten Gebäcke zusammengestellt. Experimentieren Sie, probieren Sie heute das, was Ihnen mit einem Korn schmeckte, morgen mit einem anderen aus. »Spielen« Sie mit weniger gebräuchlichen Körnern, wie Hirse, Buchweizen und Mais. Nur: Möglichst naturbelassen sollten alle Zutaten sein.

Getreide bekommen Sie abgepackt von verschiedenen renommierten Firmen im Reformhaus, aber auch im Naturkostladen.

Wenn irgend möglich, sollten Sie es erst kurz vor dem Bakken mahlen. Vielleicht läßt sich sogar der Inhaber Ihrer »Getreide-Quelle« überreden, als besonderen Dienst am Kunden eine Vollkornmühle zur Benutzung im Geschäft zu installieren. Beginnen Sie mit dem Backen und gewinnen Sie neue Gesundheit und Wohlgefühl – mit der Natur!

Das ABC biologischen Backens

Alkohol: In unseren Rezepten verwenden wir öfter einmal einen Schuß Obstspirituosen oder etwas Wein. Sie können diese Zutaten natürlich auch weglassen, denn sie dienen nur der geschmacklichen Verbesserung. Da sich während des Backens beinahe der ganze Alkoholgehalt verflüchtigt, bleiben nur die Aromastoffe. Aus diesem Grunde brauchen Sie auf Alkohol – auch wenn Kinder mitessen – nicht verzichten.

Altersdiät: Es hat sich herumgesprochen, daß der alternde Organismus (und das biologische Altern beginnt schon um die Vierzig!) andere Nahrungsmengen und -formen benötigt als der im Aufbau befindliche oder Höchstleistungen erbringende jüngere.

Doch brauchen Sie, wenn Sie in der zweiten Lebenshälfte stehen, nicht grundsätzlich bei jedem Bissen nach Diätvorschriften oder nach der Joule-Tabelle zu schielen. Beachten Sie die Grundsätze der natürlichen Ernährung – und Sie werden gesund bleiben und sich jünger fühlen. Wichtig ist, daß Sie sich nicht einreden lassen (oder nach dem ersten Versuch selbst einreden), daß Vollkorngebäck schwer verdaulich sei. Zwar kann es von Fall zu Fall kleine Magen-Darm-Schwierigkeiten bei der Umstellung von Zivilisations- auf Naturkost geben, doch die verschwinden nach wenigen Tagen, wenn Sie sie nicht besonders beachten, sondern konsequent »umsteigen«.

Backen: Wird das lebendige Korn mit allen seinen Kräften nicht durch die Backhitze geschädigt? Diese Frage taucht immer wieder auf. Nun: Ganz unbeschadet überstehen die Enzyme und Vitamine den Backvorgang nicht, doch ist die Verringerung nicht beträchtlich. Mit dem täglichen Bio-Brot führen Sie Ihrem Körper genug Vitalstoffe zu. Ein kleiner Teller Frischkornmüsli als Ergänzung tut ein übriges, falls Sie um Ihre Vollwertnahrung fürchten.

Backformen: Natürlich können Sie auch für biologisches Backen Ihre Weiß- oder Schwarz-Blechformen verwenden. Von teflonbeschichteten Formen allerdings halten wir nichts, weil sie eine erstrebenswerte Kruste verhindern und weil zudem noch nicht feststeht, ob sich bei möglichen Beschädigungen nicht Teile ablösen und dem Backgut mitteilen. Ideal sind Formen aus Steingut oder Glas, die es jetzt in guten Haushaltswarengeschäften oder direkt beim Töpfer in allen Größen gibt. Einen speziellen (und sehr praktischen) Brot-Römertopf stellt die Römertopf-Firma Bay her. In ihm läßt sich Brot nicht nur backen, sondern auch ideal aufbewahren.

Backtriebmittel: Backpulver besteht aus Natron, meist mit Weinstein versetzt. Es entwickelt während des Backvorgangs Kohlensäure, die den Teig aufgehen läßt. Weil ein Teil der derzeit im »normalen« Handel befindlichen Backpulver dazu noch Phosphate und anorganische Verbindungen enthält, kaufen Sie Natron im Reformhaus oder Naturkostladen, wo Sie sicher sein können, nur biologisches Triebmittel zu bekommen.

Für Flachbrote werden oft auch Hirschhornsalz und Pottasche verwendet. Da sie aber nicht geschmacksneutral sind, weichen wir auf Natron aus.

Hefe ist das ideale, weil ebenso kräftige wie leicht zu handhabende Triebmittel für deftige und doch feine Teige.

Weil sie noch dazu reichlich Vitamin B enthält, ein Vitamin, das reine Nervennahrung ist und durch Backen nicht nur nicht geschädigt, sondern sogar dem Körper besonders zugänglich gemacht wird, verwenden wir sie immer wieder. Sauerteig schmeckt so herzhaft, wie wir es uns für biologisches Brot wünschen. Lesen Sie mehr darüber auf Seite 31.

Backtemperaturen: Die Temperaturen in der Backröhre schwanken leider auch bei guten Markenherden enorm. Unsere Angaben und die dazugehörigen Backzeiten sind deshalb nur Circa-Werte. Die Backerfahrung muß Ihnen sagen, ob Ihr Herd mehr oder weniger heizt, ob Ober- oder Unterhitze besonders stark sind, und Ihnen helfen, solche Schwankungen auszugleichen. Bitte, notieren Sie sich aber die ermittelten Werte gleich im Buch, verlassen Sie sich nicht auf Ihr Gedächtnis!
Wir haben unsere Temperaturen auf die Kennzeichnung auf Elektroherden abgestimmt. Wissen sollten Sie, daß 150° im Elektroherd Stufe 1 im Gasherd entsprechen. 175° im Elektroherd = Gas Stufe 2, 200° = Gas Stufe 3, 225° = Gas Stufe 4 und 250° entsprechen der Stufe 5 im Gasherd.

Brotbelag wird Ihnen bald keine Kopfschmerzen mehr bereiten. Vollkornbrot schmeckt, wie Ihnen ein Versuch zeigen wird, am allerbesten, wenn Sie es nur mit Butter oder Honig bestreichen. Auch Quark, mit etwas Meersalz und Paprika, mit Kümmel oder geriebener Zwiebel und immer wieder anderen frischen Kräutern gewürzt, ist ein idealer Aufstrich für Vollkornbrot. Was Sie von Fleisch und Wurst zu halten haben, lesen Sie auf Seite 106 – darauf sollten Sie also im allgemeinen verzichten (wobei Ihnen Ihr nun richtig ernährter Körper natürlich ab und zu – und jetzt öfter als früher – eine kleine Entgleisung nicht übelnimmt).
Wenn Sie es süß lieben: Quark mit etwas Honig süßen, even-

tuell mit Zitronensaft, gehackten Nüssen oder Rosinen abwandeln. Oder einfach ohne Zucker gekochtes Kompott auf das Brot geben. Bestreuen Sie auch einmal Ihr Butterbrot mit Nüssen – eine köstliche Sache! Auch Käse hat in der biologischen Küche Platz, wenn auch in Maßen. Das gleiche gilt für Eier von natürlich lebenden Hühnern.

Biologischer Anbau ist eine umstrittene Sache. Vor allem diejenigen, die sich um die unumgänglich höheren Preise für biologische Zutaten drücken möchten, zweifeln immer wieder an, daß biologische Nahrungsmittel auch wirklich alle Versprechungen halten.
Hier sollten Sie die Empfehlungen, die wir Ihnen unter dem Stichwort »Einkauf« geben, beherzigen – und dem Ihnen sympathischsten Anbieter vertrauen.
Allerdings gibt es inzwischen auch wissenschaftliche Gutachten, die behaupten, im Getreide würden sich die für Düngung und spätere Behandlung verwendeten Chemikalien nicht niederschlagen und »normales« Getreide würde genau die gleichen Ergebnisse bringen wie »biologisches«. Es gibt hier, wie auf allen anderen Gebieten, wissenschaftliche Ergebnisse für und wider in Mengen. Sie müssen sich also selbst entscheiden. Ich bin für Getreide aus biologischem Anbau.

Chemische Zusätze: Von ihnen ist kaum eines unserer Nahrungsmittel frei, denn neben den Chemikalien, die auf dem Etikett verzeichnet sind, gibt es eine unübersehbare Reihe von Mitteln, die dem Grundstoff schon während der Entstehung beigegeben werden. Die Pflanzenschutz- und Düngemittel, Antibiotika und Schnellzucht-Medikamente bei der Viehhaltung, die schon selbstverständlichen Konservierungsmittel, wie sie allenthalben und überall verwendet werden, sind die mengenmäßig am stärksten vertretenen, doch nur eine kleine Auswahl aus der Liste der Fremdstoffe in der »normalen« täglichen Ernährung.

Zwar sind nun leider auch die biologischen Nahrungsmittel, also auch unser Getreide, nicht ganz frei von Chemie, denn auch giftfrei gezogene Früchte nehmen durch Wasser und Luft Schadstoffe auf, doch dürfen wir annehmen, daß ihr Schadstoffgehalt doch geringer ist – und das ist immer noch das kleinere Übel.

Eine Umstellung auf Biokost, deren nicht unwichtiger Teil das Natur-Gebäck ist, vermindert also hoffentlich den Anteil von Chemikalien in der Ernährung. Außerdem darf mit großer Wahrscheinlichkeit angenommen werden, daß die Randstoffe des Getreides, die Ballaststoffe also, einen Teil aller Gifte im Körper binden und ausstoßen helfen.

Denaturierte Nahrungsmittel klagt schon Pfarrer Kneipp an, wie Sie in der Einleitung gelesen haben. Ausgemahlenes, weißes Mehl und Zucker sind die denaturiertesten unter unseren Nahrungsmitteln, allzu viele Dosennahrung gewiß eine andere, nicht weniger unnatürliche. Sie sollten Sie wenn möglich meiden.

Dicksäfte: siehe Süßungsmittel.

Eier dürfen in Maßen in der natürlichen Ernährung, also auch beim Backen, verwendet werden. Achten Sie aber bitte darauf, Eier von freilebenden, naturgemäß gefütterten Hühnern zu bekommen. Wo Sie solche Eier erhalten, lesen Sie unter dem nächsten Stichwort.

Einkauf: Der richtige Einkauf ist eine Sache des Gespürs! So wie andere sich auf billige Preise spezialisieren, sollten Sie Ihren sechsten Sinn auf naturreine Angbote richten.
Testen Sie Bioläden und Reformhäuser, sehen Sie sich das

Angebot – und nicht zuletzt den Geschäftsinhaber – genauer an. Ihm müssen Sie vertrauen, müssen überzeugt sein, daß er wirklich nur bei Herstellern einkauft, die ohne Chemie anbauen. Sie können das natürlich nicht an seiner Nase sehen – intensive Gespräche aber beseitigen meist alle Zweifel.

Melden Sie ruhig auch Wünsche an. Wenn das Geschäft gut ist, wird es darauf eingehen. Noch besser allerdings ist es, wenn Sie einen Bauernhof finden, bei dem Sie sich an Ort und Stelle vom biologischen Feldbau und von Ställen voll gut gehaltener Tiere, ob Kuh oder Huhn (hier dürfen Sie auch Schweinefleisch einkaufen), überzeugen können. Dort ist auch alles frisch: Es lohnt sich also, für die eventuell nötige Fahrt ein wenig Geld auszugeben.

Eiweiß kommt nicht nur im Ei vor, sondern ist einer der drei Hauptbestandteile jedes Nahrungsmittels.

Es ist absolut lebenswichtig, denn der Körper kann es nicht selbst aufbauen. Seine Aufgabe: Es erneuert die Zellen, steuert ihr gesundes Wachstum, macht den Körper straff und schön und Sie munter!

Die Ansicht, Eiweiß könne nur mit tierischen Nahrungsmitteln dem Organismus in ausreichenden Mengen zugeführt werden, ist überholt. Zumindest aber genügen viel kleinere Mengen an Fleisch, Milchprodukten und Eiern zur Deckung unseres Eiweißbedarfs, als sie heute im Durchschnittshaushalt verbraucht werden. Fortschrittliche Ärzte sprechen sogar von einer krankmachenden Eiweiß-Mast, der sich so viele von uns heute unterziehen.

Im Brot, besonders in dem aus vollem, unverfälschtem Korn, ist pro 100 g 8,5 g hochwertiges Eiweiß enthalten. Da der Tagesbedarf des Menschen (auch darüber, wie über so vieles in der Medizin, ist man sich noch nicht einig!) rund 60 g täglich beträgt, deckt schon die Durchschnittsmenge von 300 g Vollkornbrot knapp die Hälfte des Bedarfs.

Enzyme haben eine entscheidende Bedeutung für den Zellstoffwechsel. Sie sorgen für die richtige Verwendung von Fett, Kohlenhydraten und Eiweiß im Körper, halten das Blut flüssig, steuern die Drüsentätigkeit und vieles andere. Fest steht allerdings, daß gerade sie in der Zivilisationsernährung weitgehend fehlen. Doch werden sie mit biologischer Kost, und ganz besonders mit frischgemahlenem Vollkorngetreide, reichlich zugeführt. Da jedoch die Backhitze rund die Hälfte der Vollkorn-Enzyme zerstört, ist es, wie Vorkämpfer der Vollkornnahrung erkannt haben – hier seien besonders Dr. J. G. Schnitzer und Dr. M. O. Bruker genannt, von denen die Anregungen zu diesem Buch stammen –, wichtig, täglich eine Mahlzeit aus frischem Vollkorn in den Speiseplan einzubauen. Lesen Sie dazu unter dem Stichwort »Müsli« nach.

Fett ist der zweite Hauptbestandteil unserer Ernährung – und der, an dem die zivilisierten Völker beinahe immer gefährlich über- und fehlernährt sind. Trotzdem kann auf Fett nicht ganz verzichtet werden. Sparen Sie daran, verwenden Sie es in seiner besten Form, dann tun Sie das Beste für sich! Butter zum Beispiel wurde lange Zeit zugunsten des Kunstprodukts Margarine in Acht und Bann getan. Man machte sie für die Arterienverkalkung, für das Übergewicht, Infarkte und viele andere Krankheiten verantwortlich. Endlich sind nun auch namhafte Wissenschaftler dabei, sie voll und ganz zu rehabilitieren und ihr wieder den Platz zuzuweisen, den ihr der nach den Gesetzen der Natur Denkende nie streitig gemacht hat.

So haben die Forscher festgestellt, daß es die Fettmenge ist, die uns schadet, und daß die natürliche Butter eines der harmlosesten Fette in unserer Ernährung darstellt.

Auch kaltgepreßte Öle (besonders das köstliche Olivenöl) ohne chemischen Zusatz (darüber gibt das Etikett Auskunft) sind richtig. Mit ihnen wird beim biologischen Backen auch das Blech oder die Form gefettet.

Gewöhnen Sie sich daran, daß jedes Öl sein typisches Aroma hat, daß zu gutem Olivenöl eben der Duft frischer Oliven gehört. Feinschmecker und Menschen mit Sinn für natürliche Genüsse halten nichts von dem von der Werbung propagierten »Öl ohne Ölgeschmack«.

Frischhalten: Getreide kann, luftig und kühl gelagert, rund ein Jahr im Haushalt aufbewahrt werden. Wenn Sie eine solche Lagerstätte haben: Ruhig gleich einen (viel preiswerteren) Zentnersack Weizen kaufen! Vollkorngebäck lagert am besten in einem Steingutgefäß. Es kann aber auch in der Tiefkühltruhe (gebacken oder als Teig) ohne wesentliche Qualitätseinbuße lagern.

Getreide war die Grundlage der Ernährung in der frühesten Menschheitsgeschichte und blieb es bis zu Anfang des Jahrhunderts.

Der Wert des Getreides sank aber mit der hohen Ausmahlung unserer Industriemehle. Was wirklich wertvoll ist am Getreide, wurde und wird als Abfall ausgesondert.

Volles Korn, möglichst vor der Verwendung erst gemahlen, hält gesund und fit. Und auch, trotz aller unvernünftigen Anti-Kohlenhydrate-Diätempfehlungen, schlank! Darauf dürfen Sie vertrauen. Verwenden Sie die verschiedensten Körnersorten, wandeln Sie damit die Rezepte ab. Fühlen Sie ihren typischen Eigengeschmack auf der Zunge. Und von Kopf bis Fuß, wie wohl sie Ihnen tun!

Gewürze dürfen und sollten Sie in der gesunden Küche und natürlich auch für Ihr biologisches Gebäck immer wieder verwenden. Sie wirken geradezu wie milde Medizin und fördern auf jeden Fall die Verdauung. Die besten aller Gewürze aber sind frische Kräuter. Mischen Sie deshalb öfter einmal in Ihren Teig gehackte Petersilie, Schnittlauch, Liebstöckel und anderes. Streuen Sie sie verschwenderisch aufs Brot, das hält Sie auf die wohlschmeckendste Art gesund.

Joule sind nun zwar schon seit einigen Jahren die offizielle Wärme-Maßeinheit. Ein Joule (noch immer ist man sich nicht einig, ob man es französisch »Schuhl« oder englisch »Dschaul« ausspricht) entspricht 4,186 Kalorien. Doch, wie Sie wissen, muß nur Joule zählen, wer unbiologisch lebt. Natürliche Ernährung enthält genug Ballaststoffe und damit Sättigungsmittel, um dann, wenn wir essen, solange wir Hunger haben, dem Körper auch nicht zuviele Nährstoffe zuzuführen.

Kohlenhydrate, die dritte Grundlage unserer Ernährung, sind von modischen (und, wie inzwischen einwandfrei feststeht, falschen) Ernährungs-Propheten als Dickmacher und total überflüssig, ja sogar schädlich verdammt worden. Jeder vernünftige Arzt wird Ihnen aber bestätigen, wie unsinnig, ja sogar gefährlich, das ist. Denn auch die Kohlenhydrate haben eine wichtige, durch keinen anderen Nährstoff zu übernehmende Rolle im Ablauf unseres Organismus. Sie spenden die für jede Lebensäußerung so nötige Energie, und zwar nicht schockartig, sondern kontinuierlich, so, wie wir sie gerade brauchen – wenn wir sie in natürlicher Form, also nicht konzentriert als Zucker, zu uns nehmen. Außerdem enthalten diese Kohlenhydrate beinahe alle nervenfreundlichen Substanzen.

Mit Recht ins schlechte Licht gesetzt wurden allerdings Kohlenhydrate in allzu raffinierten Mehlen und Zucker, die keine Vital- und Faserstoffe mehr enthalten und auf die Sie in jedem Fall verzichten sollten, wenn Sie im Einklang mit der Natur leben wollen.

Milch hat auch in der gesundheitsbewußten Küche Platz. Natürlich verwenden wir sie nicht pasteurisiert oder homogenisiert oder anderswie hitzebehandelt. Biologische Bauernhöfe verkaufen heute köstliche (und gewiß gesundheitlich unbedenkliche) offene Milch, gute Geschäfte rohe Vorzugsmilch in der Packung.

Mineralstoffe, wie Natrium, Calcium, Phosphor, Eisen, Fluor und vieles andere, das der Körper in winzigen Mengen, in Spuren also (daher der Name Spurenelemente) unbedingt benötigt, sind in der Zivilisationskost nur ungenügend enthalten. Und Mineralstofftabletten sind nichts als eine unbiologische Krücke!

Was wirklich gesund und fit erhält, sitzt zum größten Teil in dem, was man heute nur allzu gerne wegwirft, ganz besonders konzentriert in den Randzonen der Getreidekörner. So liegt es auf der Hand, daß Vollkorngebäck Mangelerscheinungen, die von der Schulmedizin oft falsch erkannt und mit chemischen, viel zu starken und in diesen Fällen gerade völlig unwirksamen Mitteln behandelt werden (wie Kopfschmerzen, Schlafstörungen, aber auch chronische Müdigkeit, Nervosität, Verstopfung etc.), nicht mehr aufkommen läßt. Ja, es füllt mit der Zeit das erschöpfte Mineralstoff-Depot des Körpers wieder auf und läßt diese lästigen Erscheinungen langsam, aber sicher abklingen.

Was Sie dazu noch mit Obst auf Ihrem Vollkorn-Obstkuchen an Spurenelementen zuführen und welche Mängel Sie damit beheben können, lesen Sie auf Seite 155 ff.

Müsli wird von allen Ärzten voll befürwortet. Denn dieser Brei auf der Grundlage von möglichst frisch gemahlenem rohen Getreide, mit Honig, Milch und Obst abgerundet, ist gesundheitlich der beste Start in den Tag für Ihren Organismus. Ein Schälchen Frischkornmüsli sollten Sie auch neben dem Vollkorngebäck in den Tagesplan einbauen.

Nüsse, in der modischen Diätetik wegen ihres hohen Nährwerts oft verdammt, dürfen Sie jetzt genießen. Warum auch nicht? Was so natürlich ist, kann doch nicht schaden. Lagern Sie sie nicht zu lange, weil sie leicht ranzig werden. Verwenden Sie sie nach unseren Rezepten im Kuchen, streuen Sie sie grobgehackt aufs Brot. Das schmeckt lecker und entspricht ganz den Forderungen naturnaher Kost.

Obst: Was Sie darüber wissen sollten, lesen Sie auf Seite 155 ff.

Proteine: siehe Eiweiß.

Quark ist, wie auch Joghurt, eines der ganz wichtigen Nahrungsmittel der natürlichen Küche. Mischen Sie beides öfter einmal in den Teig, auch wenn es im Rezept nicht extra angegeben wurde. Das macht ihn saftig, verringert aber die Haltbarkeitsdauer! Streichen Sie ihn auf das tägliche Brot, backen Sie immer wieder Vollkorn-Käsekuchen. Quark sorgt vor allem für eine gesunde Darmflora und entgiftet, was in unserer noch weitgehend auf Industrieprodukte angewiesenen Ernährung besonders wichtig ist.

Rohkost: Auf sie können Sie auch dann nicht verzichten, wenn Ihr tägliches Gebäck aus Vollkorn gebacken wurde. Denn, wie schon gesagt, werden einige der wichtigen Enzyme beim Backvorgang geschädigt. Tägliche Rohkost, wie rohes Obst und Gemüse, aber auch Frischkorn im Müsli, sind deshalb als Beigabe wichtig, wenn Sie in vollständiger Gesundheit und Lebensfreude Ihre Tage verbringen wollen.

Salz: Wann immer Salz in unseren Rezepten (aber auch sonst auf Ihrem Speisezettel) vorgesehen ist, wird das an Spurenelementen reiche Meersalz verwendet. Es bindet zudem noch viel weniger Wasser im Körper als Steinsalz. Achten Sie darauf, daß Sie zu reinem Voll-Meersalz, also nicht zu dem mit Steinsalz vermischten Meersalz, greifen!

Süßungsmittel: Zucker ist, wenn wir auf das Urteil namhafter Wissenschaftler vertrauen dürfen, der ärgste Feind Ihrer Gesundheit. Er belastet den Körper mit leeren Kalorien und »frißt« zudem noch das für den Stoffwechsel so wichtige Vitamin B. Verzichten Sie völlig auf ihn – Sie werden sehen, wie leicht das geht, wenn Sie erst einmal die ersten Tage der Entziehung hinter sich gebracht haben. Sie lesen richtig: Zuckergelüste sind eine echte Sucht, und ihre Bekämpfung läßt echte Entzugserscheinungen entstehen! Greifen Sie in den ersten zuckerlosen Tagen ab und zu zum Honiglöffel, essen Sie viel süßes Obst, das läßt den Übergang leichter überstehen.

Ersetzen Sie danach Zucker durch Honig oder Frucht-Dicksäfte, durch Rübensirup. Bald wird Ihr Gelüste nach Süßem immer geringer werden!

Honig ist der ideale, weil natürlichste »Süßstoff«. Wenn Sie ihn als Brotaufstrich benutzen, sollte er kaltgeschleudert sein, weil in ihm dann noch alle wertvollen Fermente und Enzyme (die Forschung entdeckt in jedem Jahr mehr und wertvollere im Honig!) vorhanden sind. Zum Backen aber, wo er notgedrungen miterhitzt wird, dürfen Sie den »normalen«, billigeren verwenden. Als Faustregel gilt: Wenn Honig kaltgeschleudert wurde, ist das extra auf dem Etikett vermerkt, weil man weiß, daß Kenner das zu schätzen wissen und zu bezahlen bereit sind. Allerdings sollten Sie auch mit diesem natürlichen Süßmacher nicht zu verschwenderisch umgehen, weil er den Zähnen schadet. Weil Honig einen sehr ausgeprägten Eigengeschmack hat, können Sie für süßes Vollkorngebäck auch Frucht-Dicksäfte oder -Sirup verwenden. Er wird durch Einkochen von Obst-, Birnen- oder Traubensaft hergestellt und süßt weniger als Honig. Deshalb: Entsprechend größere Mengen Dicksaft verwenden, dafür andere im Rezept vorgesehene Flüssigkeit einsparen.

Rübensaft, auch Rübenkraut oder Rübensirup genannt, ist der gepreßte, eingekochte Saft der Zuckerrübe, also der Stoff, aus dem später durch chemisches Raffinieren auch der Zucker gewonnen wird. Als Sirup ist er noch vollwertig, frisch und natürlich. Sie können ihn also zum Backen und auf Brot mit gutem Gewissen verwenden.

Traubenzucker dagegen ist nicht, wie Sie vielleicht nach dem harmlos klingenden Namen vermuten, »gesunder« Zucker. Er hat in der Naturküche so wenig zu suchen wie der ihm so nah verwandte Fabrikzucker, mit dem er die schlechten Eigenschaften teilt.

Vitalstoffe: Unter dieser Sammelbezeichnung laufen alle Stoffe, die Sie für das optimale Funktionieren Ihres Körpers benötigen, wie Mineralstoffe und Enzyme, Eiweiß und Fett in der dem Körper zuträglichsten Form, Kohlenhydrate aus Vollkorn, Obst und Gemüse, dazu Wasser, Ballaststoffe und Vitamine.

Vitamine: siehe Kapitel »Backen mit Obst« auf Seite 155. Außerdem sei noch einmal darauf hingewiesen, daß die für die Nerven und den Stoffwechsel so wichtigen Vitamine der B-Gruppe besonders reichlich in der Randschicht des Korns zu finden sind. Da diese Vitamine überdies noch die Kohlenhydrate-Verbrennung anregen, müssen Sie sich um Ihr Gewicht keine Sorgen mehr machen, wenn Sie zu Vollkorngebäck greifen.

Wasser benötigt der Körper für jeden seiner Stoffwechselvorgänge. Lassen Sie sich deshalb nicht einreden, es belaste den Körper unnötig und schwemme auf! Trinken Sie gutes (eventuell Mineral-)Wasser, wann immer Ihnen danach zumute ist. Denn nur Joule-haltige Getränke belasten.

Grundsätzliche Bemerkungen
zu allen Rezepten

★ Vollkorngebäck kann (im Gegensatz zu allen anderen Gebäckarten) auch von Magen-, Galle- und Darmempfindlichen ganz frisch, ja, sogar noch warm gegessen werden.

★ Vollkorngebäck bleibt viel länger frisch und saftig als anderes Gebäck: Rund acht Tage hält es sich lecker.

★ Vollkorngebäck läßt sich gut einfrieren.

★ Vollkorngebäck können Sie ohne Qualitätseinbuße lagern, denn es leidet durch den Luftsauerstoff viel weniger als Gebäck aus Industriemehl.

★ Während des Backens wird wohl ein Teil der wertvollen Vitamine und Enzyme des frisch gemahlenen Korns zerstört: Es bleibt aber (besonders, wenn dazu täglich genug Frischkost aus Gemüse, Obst oder Getreide gegessen wird) genug im Gebäck, um Sie gesund und voll leistungsfähig, fröhlich und ausgeglichen zu machen und zu halten.

★ Vollkorn kann für Brot und Brötchen grober, sollte aber für Kuchen und Feinteige sehr fein gemahlen werden.

★ Die Rinde bei allem Vollkorngebäck wird schöner und nicht so hart, wenn Sie beim Backen ein Gefäß mit Wasser in die Röhre stellen oder ½ Tasse Wasser auf das Backblech oder auf den Boden der Röhre stellen. Achten Sie darauf, daß bei Gasherden die Flamme nicht erlischt, das könnte lebensgefährlich werden.

Vollkornbrot

Daß das Backen – erfahrungsgemäß einmal wöchentlich – halb so schwierig und zeitraubend ist, wie Sie vielleicht fürchten, wird Ihnen ein Versuch beweisen. Sie werden sehen, daß es sich ohne weiteres auch in den dichtbesetzten Zeitplan einer berufstätigen Hausfrau und Mutter einplanen läßt, ja, sogar auch dann noch Spaß macht.

Sollten Sie die Arbeit am Anfang aber doch als beschwerlich betrachten, geben Sie trotzdem nicht gleich auf! Mit ein wenig Routine vereinfacht sich jeder Handgriff, geht alles von Mal zu Mal leichter und schneller.

Übrigens sollten Sie sich für das Backen von Brot und Brötchen Küchenhelfer gönnen!

Während Sie für das sporadische Kuchenbacken wie auch für das Bereiten von Fladen für Gäste und Feste, für besonders köstliches Weihnachts-Vollkorngebäck und andere »Ausnahmen« meist noch mit fertiggemahlenem Mehl aus dem Naturkostladen oder Reformhaus auskommen, früher oder später werden Sie sich sicher für eine eigene Getreidemühle entscheiden.

Die handbetriebene Mühle reicht, wie Sie sehen werden, eben für das tägliche Müsli. Mit fortschreitender Liebe zu der Vollkornbäckerei werden Sie sich eines Tages unausbleiblich zum Kauf einer elektrischen Getreidemühle entschließen, die es im Programm beinahe aller großen Elektrogeräte-Hersteller mittlerweile gibt.

Elektrische Getreidemühlen, die wie zu Urzeiten mit Steinen (und damit besonders schonend für die Inhaltsstoffe des

Korns) mahlen, bietet u. a. die Schnitzer KG, 7742 St. Georgen, an.

Was ist nun zu diesem wichtigsten aller Backkapitel Besonderes zu sagen?

Vollwertbrot ist auch ganz frisch gut verträglich, selbst für Gallen-, Magen- und Darmkranke. Bestreichen Sie es dick mit frischer Butter, und es wird Sie für alle Zeiten zum Selbstback-Fan machen. Beachten sollten Sie allerdings:

Selbstgebackenes Brot muß sehr lange und sehr sorgfältig geknetet werden, damit es leicht und locker wird, damit sich alle vorzüglichen Eigenschaften des Vollkornschrots voll entfalten können, damit es sich geschmacklich von seiner besten Seite zeigt. Rechnen Sie also mit rund 15 Minuten Knetzeit – und das gleich zweimal pro Backprozeß. Eine elektrische Knetmaschine wird deshalb früher oder später auf Ihrem Anschaffungsprogramm stehen. Auch sie gibt es inzwischen preiswert von allen Markenfirmen.

Wenn Sie ein ganz fachmännisch-glattes Brot formen wollen: Beim ersten Mal nicht gleich verzagen, denn das erfordert wirklich etwas Übung! Formen Sie dazu eine dicke Rolle, legen Sie immer wieder beim Kneten die Spitzen zur Mitte. Wieder flach- und langdrücken, rundkneten, Äußeres nach innen legen und weiterkneten!

Wenn Ihr Brot perfekt sein soll, muß das gesamte Teigstück nach dem Ausarbeiten von einer glatten, zusammenhängenden Haut umspannt sein.

Das Teigstück wird dann mit dem letzten Teig-Zusammenstoß (Teigschluß nennt das der Bäcker) nach unten auf das Blech oder in die Form gelegt.

Für runde Brotlaibe wird der Teig zu einem Kloß gerollt und beim Kneten immer wieder der Rand zur Mitte gedrückt. Auch das ergibt nach einigen Minuten die erwünschte glatte Haut und den Teigschluß, der auf das Blech oder in die Form gelegt wird.

Hier wie bei allen anderen Rezepten der folgenden Kapitel sei besonders empfohlen, die Backzeiten der individuellen Heizleistung Ihrer Röhre anzupassen, also unsere empfohlenen Zeiten nach oben oder unten hin zu korrigieren.

Prüfen Sie beim Brot schon rund zehn Minuten vor Ende der angegebenen Backzeit, ob Ihr Gebäck appetitliche Bräune zeigt, dann zusätzlich noch durch den Stäbchen-Test: mit einem Holzspießchen ins Brot (oder anderes Gebäck) stechen. Wenn beim Herausziehen keine Krume mehr daran klebt, ist es innen wie außen richtig.

Notieren Sie bei jedem von Ihnen nachgebackenen Rezept gleich die für Ihren Herd passende Backzeit.

Natürlich richtet sich die Backdauer auch nach der Größe der Brote (größere brauchen länger!), nach der Brotform (lange oder im Kasten gebackene Brote sind schneller fertig als runde vom Blech oder aus der Form) sowie nach der Backart (auf dem Blech gebackene Brote erfordern etwas andere Zeiten als in Schwarz- oder Weißblech, in Glas oder Keramik gebackene).

Testen Sie zuerst, wandeln Sie dann unsere Backzeiten entsprechend ab.

Hier zuerst die Grundrezepte und noch ein paar Regeln:

★ Wir haben bei Hefegebäck die Mindestzeiten für das Aufgehenlassen angegeben. Wenn Sie besonders lockeres Gebäck wünschen, werden diese Zeiten bis zum Doppelten verlängert.

★ Auch an unsere Salzmengen müssen Sie sich natürlich nicht genau halten, denn der Salzbedarf ist so individuell, daß Sie sich auch hier auf Ihre eigenen Wünsche einpendeln müssen. Das gelingt wohl nicht von heute auf morgen, doch gewiß nach einigen Versuchen.

★ Das gleiche gilt für Kräuter und Gewürze.

★ Besonders schwierig sind genaue Angaben für die erforderlichen Flüssigkeitsmengen. Faktoren wie Temperatur und Luftfeuchtigkeit während des Lagerns und Reifens, Art des Getreides, Mahlart und vieles andere bestimmen die Aufnahme- und Klebefähigkeit und damit auch den Flüssigkeitsbedarf von Mehl beim Backen. Wir haben uns für ein Mittelmaß entschieden und rund zwei Drittel der Getreidemenge an Flüssigkeit empfohlen. Beim Kneten des Teigs können Sie nach Bedarf noch Flüssigkeit zu- oder, wenn Ihnen der Teig zu weich erscheint, noch Mehl dazugeben. Aber auch Ihren eigenen Vorlieben können Sie beim Selberbacken voll Rechnung tragen und dabei die Flüssigkeit eine tragende Rolle spielen lassen: Weicherer Teig ergibt Brot von weniger fester Krumensubstanz. Doch ist der Teig zu weich, bleibt das Backstück schlecht in Form. Deshalb sollten Sie, wenn Sie sich für nicht zu festen Teig entscheiden, diesen in einer Form backen.

★ Wir haben relativ viel Hefe verwendet, weil gerade Vollkorn schwerer aufgeht als das Industriemehl. Sie können aber auch rund ein Drittel der von uns empfohlenen Hefemenge einsparen und dafür die Aufgehzeiten erhöhen.

Hefe-Weizen-Brot

(ergibt ca. 1500 g Brot)

1000 g Vollkornweizen
60 g Hefe
650 g Wasser

1 TL Salz
Butter für Blech oder Form

Vom feingemahlenen Weizen gut eine Handvoll zum Ausarbeiten zurücklassen. 3 EL Mehl mit der Hefe in 1 Tasse Wasser glattrühren. In einer kleinen Schüssel bei guter Zimmertemperatur (in der Nähe der Heizquelle oder des Herds ist es am besten!) mit einem Tuch bedeckt in ca. 20 Minuten auf doppelte Menge aufgehen lassen. Dann das mit dem Salz vermischte übrige Mehl einkneten. Den Teig sehr gut durchkneten, rund zehn Minuten sind das Mindeste. Mit der Teigknetmaschine genügt die Hälfte gut und gerne. Dann einen Kloß formen, bei Zimmertemperatur, ebenfalls mit einem Tuch bedeckt, weitere 20–60 Minuten gehen lassen. Der Teigumfang sollte sich dann verdoppelt haben. Arbeiten Sie diesen Teig nun noch einmal durch, damit die durch das Aufgehen aufgenommene Luft zum größeren Teil wieder herausgeknetet wird. Formen Sie nun Brote (unsere Menge reicht für zwei Laibe!), wie wir es auf Seite 27 beschrieben haben. Die Brote auf ein gefettetes Blech oder in eine gefettete Kasten- oder runde Form legen, noch einmal aufgehen lassen. Im allgemeinen genügen dafür noch einmal ca. 20 Minuten. Bauernbrote »dürfen« bis zu zwei Stunden aufgehen! Dann die Oberfläche mit Wasser bestreichen, damit sie schön glänzt. Die Brote in den auf 250° vorgeheizten Ofen schieben, eine halbe Tasse Wasser in die Röhre sprühen, darauf achten, daß Gasflammen davon nicht gelöscht werden. Nach 20 Minuten die Hitze auf 180° reduzieren, die Brote weitere 40 Minuten backen. Noch heiß noch einmal mit Wasser bestreichen.

Weizen-Roggen-Mischbrot mit Hefe

Wie Hefe-Weizenbrot bereiten, jedoch ein Drittel bis die Hälfte des Weizens durch Roggen ersetzen. Schmeckt herzhafter und wird besonders voll im Aroma, wenn Sie 1 EL Sirup dazukneten.

Sauerteig-Brote

Keine Angst vor dem köstlichen, herzhaften Sauerteig-Brot! Sie können es nach Großmamas gutem alten Rezept bereiten, doch gibt es jetzt auch schnellere – allerdings auch teurere, aber ebenso gute Variationen.

Sauerteig eignet sich bestens für Roggen, doch auch Roggen-Weizen oder andere Getreidemischungen ergeben aromatische Brote, wenn Sie sie mit Sauerteig lockern.

Sauerteig ist das ursprünglichste und wohl älteste unserer Triebmittel.

Sie können ihn selbst herstellen, das dauert aber 3–4 Tage. Für 2 kg Mehl (weniger lohnt nicht!) 2 EL Vollkornmehl mit ½ Tasse lauwarmer Buttermilch und 1 Prise Salz verrühren. Mit einem Tuch bedeckt bei Zimmertemperatur drei Tage stehenlassen. Er sollte keinen größeren Temperaturunterschieden ausgesetzt werden, Zugluft muß vermieden werden! Gelegentlich umrühren, dann soviel Mehl zufügen, daß ein dickflüssiger Teig entsteht. Nun muß der Teig noch einen Tag stehen, ehe Sie ihn zum Brotbacken verwenden können.

Variation und Vereinfachung: Bitten Sie Ihren Bäcker, Ihnen eine Handvoll (Sie brauchen für 2 kg Mehl rund 50 g Sauerteig) zu verkaufen. Wenn Sie Stammkundschaft sind, tut er das gerne.

Nächste Möglichkeit: Im Reformhaus und in guten Naturkostläden gibt es Sauerteig-Extrakt als Paste oder Pulver.

Grundrezept für Sauerteig-Brot

2000 g Roggenmehl (oder   *50 g Sauerteig*
1500 g Roggen- und   *1 EL Salz*
500 g Weizenmehl oder   *1 EL Kümmel*
beliebige andere Getreide-   *Fett für das Blech*
mischungen), möglichst
frisch gemahlen

Sauerteig mit 1 Tasse Wasser, den Gewürzen und 1 Tasse
Mehl glattrühren. Noch etwas Mehl darüberstreuen. In einem Gefäß mit einem Tuch bedeckt in der Nähe einer Wär-
mequelle oder in der Sonne ca. 2 Stunden ruhen und aufgehen lassen. Dann nach und nach das restliche Mehl (zwei
Handvoll zum Ausarbeiten zurücklassen) und einen Liter
lauwarmes Wasser dazukneten. Den sehr gut durchgearbei-
teten Teig unter einem Tuch noch zwei Stunden gehen lassen. Dann Brote formen, auf das gefettete Backblech oder in
Formen legen, unter einem Tuch noch 30 Minuten gehen
lassen, dann bei 250° in die heiße Röhre geben, $\frac{1}{2}$ Tasse Wasser in den Backofen spritzen. Nach 20 Minuten die Hitze auf
200° reduzieren, das Brot noch ca. 40 Minuten backen. Noch
heiß mit Salzwasser bepinseln.
Bei der Verwendung von Sauerteig-Extrakt Anweisung auf
der Packung beachten!

Hier nun die Variationen, damit Ihnen unser Natur-Brot nie langweilig wird:

Anis-Brot

hat ebenso viele Freunde wie Gegner! Wir empfehlen erst einmal einem Drittel des »normalen« Hefebrotteigs (Grundrezept S. 30) Anis zuzugeben, um herauszufinden, in welches Lager Sie gehören.
Nun das Original-Anisbrot-Rezept:

1000 g Vollkornweizen	*60 g Hefe*
1 TL Salz	*150 g Milch*
1 kleine Prise gemahlener	*1 EL Honig*
Anis	*1 Ei*
1 kleine Prise gemahlener	*Butter für die Form oder*
Koriander	*das Blech*
1 TL–1 EL Aniskörner, je	
nach Geschmack	

Vom feingemahlenen Weizen eine Handvoll zum Ausarbeiten zurücklassen. Das restliche Mehl mit Salz und den Gewürzen vermischen. Die Hefe mit 3 EL der Mehlmischung, der erwärmten Milch, Honig und Eiweiß glattrühren. In einer Schüssel im Warmen ca. 20 Minuten aufgehen lassen, dann noch ½ l Wasser und den restlichen Weizen dazukneten. Sehr gut durcharbeiten, bei guter Zimmertemperatur weitere 20 Minuten unter einem Tuch aufgehen lassen. Noch einmal durchkneten, Brote formen. In eine gefettete Form oder auf ein gefettetes Blech legen, mit einem Tuch bedeckt bei Zimmertemperatur noch einmal 20 Minuten gehen lassen, mit verquirltem Eigelb bepinseln. Dann in die auf 250° vorgeheizte Röhre schieben, ½ Tasse Wasser einspritzen. Nach 20 Minuten Backzeit auf 200° zurückschalten, weitere 40 Minuten backen.

Buchweizen-Brot

Versuchen Sie doch einmal, ob sein aparter Geschmack Ihnen zusagt! Erhöhen Sie bei späterem Backen evtl. den Buchweizen-Anteil.

500 g Vollkornweizen
500 g Buchweizen-Vollmehl
1 TL Salz
60 g Hefe
1 Tasse Milch

1 Prise Safran
2 EL feingehackte Petersilie
1 EL Butter
Butter für die Form

Den frischgemahlenen Weizen mit Buchweizenmehl und Salz vermischen, eine Handvoll zum Ausarbeiten zurücklassen. Die Hefe mit der erwärmten Milch und 3 EL Mehlmischung glattrühren, bedeckt bei Zimmertemperatur 20 Minuten aufgehen lassen.
Dann den in ½ l Wasser aufgelösten Safran, das restliche Getreide, Petersilie und die erwärmte Butter unterkneten. Den Teig zu einem Kloß formen und 15 Minuten gehen lassen. Brote formen, auf das gefettete Backblech oder in eine gefettete Form geben, nach dem letzten Gehenlassen in der auf 250° vorgeheizten Röhre bei Einsprühen von ½ Tasse Wasser ins Backrohr 20 Minuten, dann bei 200° noch 40 Minuten backen.

Buchweizengrütze-Brot

125 g Buchweizengrütze 1 TL Salbei
1 TL Salz   1 EL gehackte Petersilie
1 TL edelsüßes Paprika- ¼ l Milch
pulver   60 g Hefe
500 g Vollkornweizen Fett für das Blech

Die Buchweizengrütze mit Salz und Paprika bei kleinster Hitze in ½ l Wasser quellen, dann abkühlen lassen. Den fein-gemahlenen Weizen und die Kräuter inzwischen vermi-schen. Aus 1 Tasse lauwarmer Milch, Hefe und 3 EL Mehl ei-nen Vorteig rühren, unter einem Tuch im Warmen 15 Minu-ten gehen lassen. Dann alle Zutaten gut verkneten, restliche Milch und evtl. noch etwas Wasser dazugeben, damit ein ge-schmeidiger Teig entsteht. Zu einem Kloß formen und zu-gedeckt 15 Minuten gehen lassen. Dann Brote formen, auf das gefettete Blech oder in eine gefettete Form legen, noch einmal 15 Minuten unter einem Tuch aufgehen lassen. Bei 200° 70 Minuten backen.

Dill-Brot

Hier kann der Dill durch jede andere Kräuterart ersetzt werden! Statt 1 EL gehackter frischer Kräuter ½ TL getrocknete Kräuter verwenden, wenn dies nötig ist.

800 g Vollkornweizen	*½ Tasse feingehackter Dill*
100 g Vollkornroggen	*1 Ei*
100 g Vollkorn-	*1 EL Honig*
Haferflocken	*1 kleine Prise gemahlene*
1 TL Salz	*Muskatnuß*
70 g Hefe	*Fett für die Form*

Feingemahlenen Weizen und Roggen mit den Haferflocken und Salz vermischen. Die Hefe mit 1 Tasse lauwarmem Wasser, 3 EL der Getreidemischung und dem Honig verrühren, im Warmen unter einem Tuch 15 Minuten aufgehen lassen. Dann das übrige Getreide (eine Handvoll zum Ausarbeiten zurücklassen!), das Ei, Muskat und ½ l Wasser dazukneten, zu einem Kloß formen, bedeckt noch 15 Minuten gehen lassen. Brote formen, auf ein gefettetes Blech oder in eine gefettete Form legen, bei 250° 20 Minuten (½ Tasse Wasser in die heiße Röhre spritzen!), dann 40 Minuten bei 200° backen.

Dreikorn-Brot

Ob Sie dazu zu gleichen Teilen Weizen, Roggen und Hafer verwenden oder den Roggen durch Hirse, Buchweizen oder Gerste, Sojamehl oder Kleie ersetzen (oder wohl den Roggenanteil belassen, statt des Hafers aber andere Getreidearten verwenden!), apart und immer wieder anders schmeckt Ihr Dreikornbrot. Bereiten Sie es nach unserem Grundrezept, der für Hefe-Weizen-Brot ausgearbeiteten Anweisung auf S. 30, nur eben in einer der hier empfohlenen Getreidemischungen.

Englisches Tee-Brot

1000 g Vollkornweizen　　*1 TL Salz*
½ l Milch　　*100 g Butter*
80 g Hefe

Vom feingemahlenen Weizen eine Handvoll zum Ausarbeiten zurücklassen. 3 EL Mehl mit ¼ l lauwarmer Milch, der Hefe und Salz glattrühren, im Warmen bedeckt 15 Minuten gehenlassen, dann die restliche Milch, übrigen Weizen, Salz, gut ⅛ l Wasser und 50 g Butter dazukneten. Zu einem Kloß formen und weitere 15 Minuten aufgehen lassen. Noch einmal gut kneten, Brote formen. Auf ein gefettetes Backblech oder in gefettete Formen legen, nach weiteren 15 Minuten Aufgehen bei 200° 60 Minuten backen. Noch heiß mit der restlichen Butter bepinseln.

Grieß-Brot

125 g Vollkorn-Grieß   1 Päckchen Backpulver
1 TL Salz   3 Eier
1 TL Honig   Fett für die Form
500 g Vollkornweizen

Den Grieß mit Salz und Honig in ½ l heißes Wasser einrühren, unter Rühren 5 Minuten kochen, dann im bedeckten Topf mit Kissen bedeckt (Urgroßmamas Kochkiste!) 30 Minuten quellen lassen. Leicht abkühlen lassen. Vom feingemahlenen Weizen eine Handvoll zum Ausarbeiten zurücklassen, das übrige mit dem Backpulver vermischen, mit dem Grießbrei und den Eiern verrühren. Dieser nicht sehr feste Teig eignet sich am besten zum Backen in der Form! Fetten Sie dafür zwei Kasten- oder runde Kuchenformen. Ausgekneteten, geformten Teig einlegen, mit Wasser bepinseln und bei 200° gut 60 Minuten backen.

Grünkern-Brot

wie Hefe-Weizen-Brot nach unserem Rezept auf S. 30 bereiten, jedoch nur 800 g Weizen, dazu 200 g Grünkern verwenden.
Grünkern ist besonders aromaintensiv, deshalb wird er nur zu geringem Teil eingemischt. Falls Sie Ihre Vorliebe für diesen Geschmack entdecken, können Sie den Anteil von Grünkernmehl oder auch Grünkernschrot steigern.

Haferflocken-Brot

600 g Vollkornweizen
300 g möglichst grobe
Vollkorn-Haferflocken
1 EL Honig
2 EL Butter
1 TL Salz

1 kleine Prise gemahlene
Muskatnuß
⅛ l Milch
60 g Hefe
Fett für das Blech

Den frischgemahlenen Weizen mit den (eventuell kurz in der trockenen Pfanne angerösteten) Haferflocken vermischen, eine Handvoll zum Ausarbeiten zurücklassen. Honig mit Butter und den Gewürzen schaumig rühren. Die leicht erwärmte Milch mit der Hefe und 3 EL Getreidemischung glattrühren, mit einem Tuch bedeckt im Warmen 20 Minuten aufgehen lassen, dann Mehl und Butter-Honig-Mischung sowie ½ l Wasser dazukneten. Einen runden Kloß aus dem Teig formen, noch einmal 20 Minuten aufgehen lassen. Dann zu Broten formen. Auf ein gefettetes Backblech setzen oder in eine gefettete Form legen. Nach nochmaligem Aufgehenlassen von 20 Minuten in die auf 250° vorgeheizte Röhre schieben, dabei ½ Tasse Wasser in die Röhre spritzen. Nach 20 Minuten Temperatur auf 200° drosseln, das Brot weitere 40 Minuten backen. Noch warm mit Wasser, Milch oder Butter bepinseln.

Hirse-Brot

500 g Vollkornweizen und
350 g Vollkornroggen
150 g Hirse
Salz

60 g Hefe
1 Tasse Buttermilch
2 Eigelb
Fett für die Form

Den feingemahlenen Weizen und Roggen vermischen. Eine Handvoll zum Ausarbeiten zurücklassen. Die Hirse in ¼ l schwach gesalzenem Wasser 20 Minuten kochen. Hefe mit der leicht erwärmten Milch glattrühren, 3 EL Getreidemischung dazugeben. Im Warmen unter einem Tuch 20 Minuten gehen lassen. Dann Eigelb, Getreidemischung und Hirsebrei unterkneten, eventuell noch etwas Wasser dazugeben. Einen Kloß formen, unter einem Tuch bei guter Zimmertemperatur 30 Minuten aufgehen lassen. Nicht zu große Brote formen, auf ein gefettetes Backblech legen oder in eine gefettete Form geben, noch einmal 20 Minuten aufgehen lassen. Dann bei 200° rund 60 Minuten backen.

Ingwer-Brot

Wie das Anis-Brot (Rezept S. 33) bereiten, jedoch statt Anis und Koriander ½ TL Ingwerpulver und 2 EL feingehackten kandierten Ingwer verwenden.

Joghurt-Brot

Wie das Hefe-Weizen-Brot oder das Weizen-Roggen-Mischbrot mit Hefe bereiten, jedoch statt Wasser Joghurt verwenden. Besonders säuerlich-aromatisch!

Kleie-Brot

Auf die heute so modische Beigabe von Kleie, den sonst aus-
gemahlenen und aussortierten Randstoffen von Getreide
kann beim biologischen Backen verzichtet werden. Wir verwenden ja nur das volle Korn mit allen seinen Randschich-
ten, also auch die Kleie. Wenn Sie aber unter extremer
Darmschwäche leiden und während der ersten Tage der
Umstellung auf Bio-Brot noch mehr des Guten für Ihre Verdauung tun wollen, ersetzen Sie jeweils 100 g Getreide durch
Kleie aus dem Reformhaus.

Kräuter-Brot

Als Grundlage dafür können Sie alle Brot-Teige aus diesem
Kapitel verwenden. Auf sämtliche Gewürze außer Salz verzichten, statt dessen mindestens eine Tasse feingehackte, am
besten möglichst vielfältig gemischte Kräuter, wie Petersilie,
Dill, Schnittlauch, aber auch Zitronenmelisse, Rosmarin, Salbei und Wildkräuter, wie junge Brennessel und Löwenzahn
untermischen. Es schmeckt und ist gut für die Gesundheit!

Kümmel-Brot

Sauerteigbrot nach unserem Rezept mit Kümmel würzen.
Besonders angenehm empfinden wir die Mischung aus 1 Prise gemahlenem und 1–2 EL im Ganzen gelassenem Kümmel
pro 1000 g Mehl.

Kürbiskern-Brot

800 g Vollkornweizen   1 EL Honig
200 g Quark   1 TL Salz
⅛ l Milch   200 g Kürbiskerne
60 g Hefe   Butter für die Form

Vom feingemahlenen Weizen eine Handvoll zum Ausarbeiten zurücklassen. Quark mit Milch, Hefe, Honig, Salz und
2 EL Weizen glattrühren, im Warmen mit einem Tuch bedeckt 20 Minuten aufgehen lassen. Dann ca. ⅜ l Wasser, das
restliche Getreide und die Kürbiskerne einkneten. Einen
Kloß formen, unter einem Tuch rund 30 Minuten aufgehen
lassen. Brote formen, auf ein gefettetes Blech oder in eine
gefettete Form legen, weitere 20 Minuten gehenlassen. Bei
250° in die vorgeheizte Röhre schieben, Wasser in die Röhre
spritzen. Nach 10 Minuten Hitze auf 200° reduzieren, noch
ca. 55 Minuten backen. Noch heiß mit Wasser oder Milch
bestreuen, eventuell mit grob gehackten Kürbiskernen bestreuen.

Leinsamenbrot

750 g Vollkornweizen   1 TL Salz
100 g Vollkornhaferflocken   1 EL Honig
150 g Leinsamenschrot   1 kleine Prise edelsüßes
1 Tasse Milch   Paprikapulver
60 g Hefe   Fett für die Form

Den feingemahlenen Weizen mit den Haferflocken vermischen, eine Handvoll zum Ausarbeiten zurücklassen. Leinsamen mit gut ½ l kochendem Wasser überbrühen, 15 Minuten ziehen lassen. Indessen in der leicht erwärmten Milch

Hefe, Salz, Honig, Paprika und 3 EL Weizen-Haferflockenge-
misch glattrühren, unter einem Tuch im Warmen 20 Minuten aufgehen lassen.

Dann das restliche Getreide und den Leinsamen dazukneten, bei Bedarf noch etwas Wasser mitverwenden. Einen
Kloß formen, bei guter Zimmertemperatur mit einem Tuch
bedeckt noch 30 Minuten gehen lassen. Dann noch einmal
durchkneten und Brote formen. Auf ein gefettetes Blech
oder in eine Form legen, nach weiteren 20 Minuten Aufgehen bei 200° ca. 70 Minuten durchbacken. Dieses etwas
feuchte Brot braucht längere Zeit und niedrigere Temperaturen, damit die Kruste nicht zu hart wird, während die Krume durchbäckt.

Maisbrot

650 g Maismehl	2 Eier
350 g Vollkornweizen	1 TL Salz
2 EL Honig	$\frac{1}{8}$ l Sahne
2 Päckchen Backpulver	Fett für das Blech

Maismehl und den feingemahlenen Weizen mit dem Backpulver vermischen. Honig, die Eier, Salz und Sahne gut verrühren, nach und nach die Mehlmischung und $\frac{1}{2}$ l Wasser
einarbeiten. In zwei gefettete Formen geben und bei 220°
gut eine Stunde backen.

Milchbrot

Wie Hefe-Weizen-Brot nach dem Rezept auf S. 30 bereiten,
jedoch statt Wasser nur Milch verwenden. Das macht das
Brot besonders mild im Geschmack.

Mohnbrot

Wie englisches Tee-Brot (Seite 37) bereiten, jedoch 2 EL Mohn mit in den Teig einarbeiten. Die Oberfläche mit Eigelb bepinseln und ebenfalls mit Mohn bestreuen.

Nußbrot

Wie Hefe-Weizen-Brot nach unserem Rezept auf S. 30 bereiten, jedoch ⅓ der Mehlmenge durch beliebige Nüsse ersetzen. Besonders fein schmeckt es, wenn ein Teil der Nüsse feingerieben, der andere Teil grob gehackt wurde. Die Nüsse können auch vor dem Einkneten in den Teig in der trockenen Pfanne leicht angeröstet werden, das macht sie aroma-intensiver.

Quarkbrot

1000 g Vollkornweizen *1 Tasse Milch*
500 g Quark *2 EL Rübenkrautsirup oder*
1 TL Salz *Honig*
80 g Hefe *Fett für die Form*

Vom feingemahlenen Weizen 3 EL zum Kneten und 3 EL für den Hefeansatz zurücklassen. Das übrige Mehl mit Quark und Salz verkneten. 3 EL Mehl mit der Hefe in der Milch glattrühren, Sirup oder Honig dazugeben. In einer bedeckten Schüssel bei guter Zimmertemperatur 20 Minuten aufgehen lassen, dann mit allen anderen Zutaten und knapp ½ l Wasser verkneten. Einen Kloß bilden, noch einmal unter einem Tuch 20 Minuten gehen lassen. Dann Brote formen, in gefettete Formen legen. Nach nochmaligem Aufgehen von ca. 20 Minuten Dauer in der auf 200° vorgeheizten Röhre 70 Minuten backen.

Russisches Sonntags-Brot

60 g Hefe	300 g Butter
½ l Milch	6 Eier
1 TL Salz	1 EL Kümmel
600 g Vollkornweizen	2 EL Honig
200 g geschrotete Sonnen-	Fett für das Blech
blumenkerne	

Die Hefe mit 1 Tasse Milch und 5 EL gemahlenem Weizen verrühren, zugedeckt im Warmen 20 Minuten aufgehen lassen. Dann 500 g Mehl, Salz und Sonnenblumenkerne unterkneten. Den Teig in der Größe des Backblechs ausrollen, auf das gefettete Blech legen. Mit einem Tuch bedeckt bei guter Zimmertemperatur noch 20 Minuten aufgehen lassen. Mit dem Kochlöffelstiel Löcher in den Teig drücken und in jedes ein Butterflöckchen legen. In der auf 200° vorgeheizten Röhre 25–30 Minuten backen. Die Eier mit dem Kümmel, dem restlichen Mehl und dem Honig gut verrühren, darübergießen. Den Kuchen noch für ca. 10 Minuten in die heiße Röhre geben.

Schweizer Käse-Brot

150 g geriebener
Emmentaler Käse
150 g geriebener Sbrinz-
Käse (oder Parmesan)
600 g Vollkornweizen
1 Päckchen Backpulver

4 Eier
200 g saure Sahne
Salz
3 EL Kümmel
2 Eigelb
Fett für die Form

Den Käse mit feingemahlenem Weizen und Backpulver vermischen. Eier und saure Sahne verquirlen, Salz und Kümmel einrühren, dann die Mehl-Käse-Mischung dazugeben. Alles gut vermischen. Ein rundes oder langes Brot formen, auf das gefettete Backblech legen oder den Teig in eine gefettete Form streichen. Dick mit verquirltem Eigelb bepinseln und in der auf 180° vorgeheizten Form ca. 30 Minuten backen.

Sesam-Brot »mit«

300 g Vollkornweizen
150 g Hirseflocken
150 g Maisgrieß
400 g ungeschälte
Sesamsaat
400 g Joghurt
1 TL Salz
ca. 70 g Hefe

je 1 Prise Curry
Tandoree-Gewürzmischung
und Curcuma
1 Prise gemahlenen
Kümmel
1 Ei
Fett für die Form

Den feingemahlenen Weizen mit Hirseflocken, Maisgrieß und der leicht angerösteten Sesamsaat vermischen. Hefe und Salz mit 1 Tasse erwärmtem Joghurt anrühren, 20 Minuten gehen lassen. Dann den restlichen Joghurt und die in ¼ l leicht erwärmtes Wasser eingerührten Gewürze, Ei und das gemischte Getreide (3 EL zum Ausarbeiten zurücklassen) dazukneten, sehr gut durcharbeiten. Zu einem Kloß formen und bei guter Zimmertemperatur ca. 30 Minuten gehen lassen (Mais geht langsamer auf!) Dann noch einmal kneten, in zwei gefettete Formen geben, noch einmal gehenlassen, dann bei 200° in der vorgeheizten Röhre je nach Teigdicke 50–70 Minuten backen.

Sesam-Brot

600 g Vollkornweizen
300 g ungeschälte
Sesamsaat
¼ l Joghurt
1 TL Salz
60 g Hefe

1 EL Zuckerrübensirup
1 Ei
1 kleine Prise geriebene
Muskatnuß
Fett für die Formen

Vom feingemahlenen Weizen 3 EL zum Ausarbeiten zurücklassen, das übrige mit dem Sesam vermischen. Joghurt leicht erwärmen, die Hefe darin auflösen, den Sirup und 3 EL Mehl einrühren. Mit einem Tuch bedeckt im Warmen 15 Minuten aufgehen lassen, dann ca. 400 g Wasser und alle übrigen Zutaten dazukneten, den Teig sehr gut durcharbeiten. Bei guter Zimmertemperatur noch einmal 20 Minuten gehen lassen, dann in zwei gefettete Kastenformen legen. Nach weiteren 20 Minuten Aufgehen in der auf 200° vorgeheizten Form ca. 60 Minuten backen. Der große Anteil an ungemahlenem Sesam vermittelt dem Teig nicht genügend Klebereigenschaften, das heißt, er zerläuft leicht. Sie backen ihn deshalb am besten immer in der Form.

Sesambrot mit Keimen

600 g Vollkornweizen
200 g ungeschälte
Sesamsaat
250 g Sojabohnenkeime
(selbstgekeimt oder aus
dem Glas, auch für wenig
Geld wunderschön knackig
und ohne chemische
Zusätze im Supermarkt
erhältlich)

2 EL Sojasoße
⅛ l Joghurt
70 g Hefe
2 Eier
1 TL Selleriesalz
Fett für die Form

Den feingemahlenen Weizen mit der leicht angerösteten Sesamsaat vermischen, 3 EL zum Ausarbeiten zurücklassen. Weitere 3 EL mit der Sojasoße, leicht angewärmtem Joghurt und Hefe verrühren, unter einem Tuch im Warmen 15 Minuten gehen lassen. Dann die restliche Getreidemischung, Eier, Selleriesalz sowie die abgetropfte und mit Wasser auf 400 g aufgefüllte Flüssigkeit aus der Sojakonserve (oder 400 g Wasser) unterkneten, zuletzt die Sojabohnenkeime. Zu einem Kloß rollen, bei guter Zimmertemperatur noch einmal 30 Minuten aufgehen lassen, dann in zwei gefettete Formen legen. Nach nochmaligem Aufgehen in der auf 200° vorgeheizten Röhre je nach Teigdicke 45–70 Minuten backen. Dieses Brot ist herrlich saftig, hält aber nur wenige Tage ohne Schimmelbildung.

Sechskornbrot

Es wird aus der fertig gemischten Getreide-Palette von Weizen, Roggen, Gerste, Hafer, Hirse, Buchweizen und Kurkleie (z. B. von Donath im Reformhaus) angeboten und kann nach unseren Rezepten für Hefebrot wie auch für Sauerteig-Brot (Rezepte S. 30 und S. 32) gebacken werden.

Es vereinigt die speziellen Aroma- wie anderen Inhalts-Stoffe aller Getreidearten. Dabei wird besonders das Gleichgewicht zwischen auf sauren und alkalischen Böden gewachsenen Körnern berücksichtigt, so daß der Körper bei eventueller Über- oder Untersäuerung selbst den nötigen Ausgleich schaffen kann.

Sonnenblumen-Brot

800 g Vollkornweizen
60 g Hefe
1 Tasse Buttermilch
1 EL Honig
1 TL Salz

200 g geschälte Sonnenblumenkerne
Milch zum Bestreichen
Fett für das Blech

Vom feingemahlenen Weizen 3 EL zum Ausarbeiten zurücklassen. Hefe mit 3 EL Mehl und der leicht erwärmten Buttermilch, Honig und Salz glattrühren, im Warmen unter einem Tuch 20 Minuten aufgehen lassen. Dann ½ l Wasser, den Weizen und die Hälfte der Sonnenblumenkerne einkneten. Einen Kloß formen und den Teig noch einmal aufgehen lassen. Anschließend Brote formen, mit Milch bestreichen und mit der Oberfläche leicht in die restlichen auf die Arbeitsplatte gestreuten Sonnenblumenkerne drücken. Auf das gefettete Backblech setzen und noch einmal aufgehen lassen. In der auf 200° vorgeheizten Röhre ca. 60 Minuten backen.

Zwiebelbrot

Mischen Sie unter Weizen-Hefeteig nach dem Grundrezept auf S. 30 oder unter den Roggen-Sauerteig nach Rezept auf S. 32 reichlich in Butter angeschmorte Zwiebeln, dazu noch feingehackte Petersilie.

Fladenbrot

Der Fladen, ein gut ausgebackenes und deshalb besonders haltbares Gebäck, war ganz sicher das erste Ergebnis der Backkunst unserer Vorfahren – und ist heute noch in allen Ländern mit natürlichen Ernährungsformen gebräuchlich. Bei uns wird er zunehmend begehrter, freuen wir uns darüber.

Fladenbrote werden meist ohne Triebmittel (oder auch mit weniger als für Brot verwendet) gebacken. *Tip:* Getreideart und -Qualität, die je nach Ernteausfall schwanken kann, aber auch Zimmertemperatur und Lagerbedingungen ergeben eine verschiedene Kleberfähigkeit. Gerade bei Fladenteigen, die so fest sein müssen, daß sie auszurollen sind (und doch gerade noch geschmeidig genug dazu), kann deshalb die erforderliche Flüssigkeitsmenge nicht genau angegeben und muß beim Kneten reguliert werden. Auch die Backdauer muß hier, wo es auf die Minute ankommt, nach den Backeigenschaften des Herdes eventuell verkürzt oder verlängert werden.

Versuchen Sie es einmal mit unseren Rezepten, die wir rund um den Erdball für Sie gesammelt haben.

Matzen

sind das einfachste und älteste uns bekannte Gebäck und ganz einfach selber zu machen:

400 g Vollkornweizen *Vollkornmehl oder Fett für*
ca. 200 g Wasser *das Blech*
½ TL Salz

Vom feingemahlenen Weizen ca. 50 g zum Ausarbeiten zurücklassen. Das übrige Mehl mit 200 g Wasser und Salz so lange verkneten, bis ein ganz fester, glatter Teig entstanden ist. Sehr dünn ausrollen und eventuell noch ausziehen, größere oder kleinere Platten ausschneiden. Auf das bemehlte oder gefettete Backblech legen. Bei 180° in ca. 10 Minuten (je nach Dicke) hell ausbacken.

Poori

heißt die indische Variation zu unserem Thema. Der ausgerollte Teig wird von indischen Bäckern und Hausfrauen über eine gepolsterte, stoffbezogene Scheibe gelegt und auf die Innenseite des runden gemauerten Tandoori-Steinofens gedrückt. Dort bäckt es auf den heißen Steinen gleichmäßig. Aber auch in unseren Herden gelingt dieser Fladen gut.

300 g Vollkornweizen *2 EL Sesamöl*
100 g Sesammehl *50 g Mehl zum Ausrollen*
½ TL Salz *Fett für das Blech*

Alles gut mit ¼ l Wasser vermischen, den Teig sehr dünn ausrollen, auf dem (eventuell vorher mit einer halbierten Knoblauchzehe ausgeriebenen, gefetteten) Backblech bei 180° in 10–15 Minuten goldbraun backen.

Südtiroler Fladenbrote

250 g Vollkornweizen und   *je 1 kleine Prise*
150 g Vollkornroggen   *Nelkenpulver und Kümmel*
20 g Hefe   *¼ l Milch*
1 TL Sirup   *Butter für das Blech*
1 TL Salz

Vom feingemahlenen gemischten Korn 4 EL zum Ausarbeiten zurücklassen. Die Hefe, 3 EL Mehl, Sirup, Salz und die Gewürze in der leicht erwärmten Milch auflösen, im Warmen unter einem Tuch 15 Minuten gehen lassen, dann mit dem restlichen Mehl verkneten, ausrollen und nach und nach auf ein gefettetes Blech legen, mehrmals mit der Gabel einstechen. Bei 180° goldbraun backen. (10–15 Minuten je nach Dicke.)
Schmeckt besonders köstlich zum Südtiroler Speck.

Knoblauch-Matzen

Teig wie Rezept auf S. 52   *etwas Salz*
außerdem 6 EL Oliven   *2–4 Knoblauchzehen*

Den Teig wie bei den Matzen bereiten, ausrollen und auf das Backblech legen. Die Fladen vor dem Backen mit dem mit Salz und gepreßtem Knoblauch gewürzten Öl bepinseln.

Tandoori-Poori

schmeckt besonders gut als Beilage statt Reis, aber auch mit Butter bestrichen und mit gehackter Petersilie bestreut.

300 g Vollkornweizen	*½ TL Salz*
50 g Sesammehl	*2 EL Öl*
50 g ungeschälte Sesamsaat	*2 Eier*
1 Msp Tandoori-Gewürz-mischung	*Fett für das Blech*

Den feingemahlenen Weizen (3 EL zum Ausarbeiten zurücklassen) mit dem Sesammehl vermischen. Sesamsaat in der trockenen Pfanne leicht anbräunen, dann von der Kochstelle nehmen und schnell die Gewürze und das Öl dazurühren. Alles mit ca. 200 g Wasser verkneten, so daß ein glatter, fester Teig entsteht. Dann noch die Eier einarbeiten. Den Teig zu Fladen ausrollen, auf dem gefetteten Backblech in der vorgeheizten Röhre bei 180° goldbraun backen, während des Backens mehrmals einstechen.

Buchweizen-Fladen

200 g Vollkornweizen	*½ TL Salz*
100 g ganzen Buchweizen	*2 EL feingehackte Petersilie*
½ l Milch	*40 g Butter*

Vom feingemahlenen Weizen 3 EL zum Ausarbeiten zurücklassen. Den Buchweizen in der Milch mit Salz ca. 20 Minuten bei kleiner Hitze quellen lassen. Nach leichtem Abkühlen das Mehl und die Petersilie einarbeiten, bei Bedarf noch Flüssigkeit dazugeben, weiter erkalten lassen. Dünn ausgerollt auf ein gut gebuttertes Blech Fladen aus dem Teig legen, bei 200° ca. 12 Minuten backen. Noch heiß mit Butterflöckchen besetzen.

Buchweizen-Zwiebel-Fladen

200 g Vollkornweizen
200 g Buchweizen-Vollmehl
4 EL Joghurt
2 Zwiebeln

50 g Butter
grobgemahlener Pfeffer
½ TL Salz
Vollkornmehl für das Blech

Den feingemahlenen Weizen mit dem Buchweizenmehl vermischen, 4 EL zum Verarbeiten zurücklassen. Mehl mit ¼ l Wasser und Joghurt vermischen. Die Zwiebel sehr fein hacken, in der Pfanne in der Butter glasig dünsten. Kräftig mit Salz und Pfeffer würzen, zum Fladenteig kneten. Fladen ausrollen, auf das bemehlte Blech legen. Bei ca. 180° 10–15 Minuten backen.

Sesam-Fladen

150 g Vollkornweizen
½ TL Salz
2 EL feingehackte Petersilie
250 g ungeschälte
Sesamsaat

Vollkornmehl zum
Ausrollen
Fett für die Form

Vom feingemahlenen Weizen 3 EL zum Ausarbeiten zurücklassen, übriges Mehl mit ¼ l Wasser und Salz verrühren, ca. 30 Minuten stehenlassen, damit es genug Kleber entwickelt. Inzwischen die Hälfte der Sesamsaat in der trockenen Pfanne unter Umrühren leicht anrösten, erkalten lassen. Dann mit den Kräutern und dem ungerösteten Sesam unter das angerührte Mehl mischen. Sehr gut durchkneten. Auf einem mit Vollkornmehl bestäubten Arbeitsbrett hauchdünn ausrollen, in Tellergröße auf ein gefettetes Blech legen und nacheinander bei 180° hellgelb backen. Je nach Teigdicke und Beschaffenheit Ihres Ofens dauert das rund 10 Minuten.

Exotische Sesam-Fladen

100 g Vollkornweizen
5 EL Joghurt
½ TL (oder noch mehr)
Tandoree-Gewürzmischung
(gibt es in der Feinkost-
abteilung jedes
Supermarkts oder
Kaufhauses)

1 Knoblauchzehe
3 EL Öl
300 g ungeschälte
Sesamsaat

Den feingemahlenen Weizen mit ca. 200 g Wasser vermischen, quellen lassen. Joghurt mit dem Tandoree-Gewürz
verrühren. Den Knoblauch pressen und zum Öl geben. Sesam sehr leicht in der trockenen Pfanne rösten, abkühlen
lassen. Dann die Weizenmischung, Joghurt und ca. 200 g Sesam sehr gut verkneten. Auf dem restlichen Sesam dünne
Fladen ausrollen. Mit dem mit gepreßtem Knoblauch verrührten Öl bestreichen, mit der geölten Seite nach unten auf
das Backblech legen. Auch oben mit Öl bepinseln, bei 180°
ca. 10 Minuten backen.

Leinsamen-Fladen

200 g Vollkornweizen und
100 g Vollkornroggen
½ TL Salz
1 EL Sirup
1 Prise geriebene
Muskatnuß

3 EL Natursauerteig aus
dem Reformhaus
100 g frischgeschroteter
Leinsamen
Fett für das Blech

Feingemahlenen Weizen und Roggen mischen, 4 EL zum
Ausarbeiten zurücklassen. 3 EL Mehl mit Salz, Sirup, Muskat

und dem Schnell-Sauerteig sowie 1 Tasse Wasser verrühren, im bedeckten Gefäß im Warmen ca. 15 Minuten aufgehen lassen. Inzwischen den Leinsamenschrot mit 1 Tasse kochendem Wasser übergießen, quellen lassen. Dann alle Zutaten verkneten, falls nötig noch etwas Wasser dazugeben, damit ein zwar fester, doch geschmeidiger Teig entsteht. Dünn ausrollen, nacheinander auf einem gefetteten Blech mit einem Messer gitterförmig einritzen, bei 180° in 10–15 Minuten goldbraun backen.

Gewürz-Leinsamen-Fladen

200 g Vollkornweizen und etwas gemahlener Kümmel,
100 g Vollkornroggen Koriander, Ingwer
1 Ei 100 g frischgeschroteter
½ TL Salz Leinsamen
1 EL Sirup

Vom feingemahlenen, vermischten Weizen und Roggen 5 EL zum Ausarbeiten und für das Blech zurücklassen. Leinsamen mit 1 Tasse kochendem Wasser übergießen und 15 Minuten quellen lassen. Dann noch gut 1 Tasse Wasser, Eiweiß, Salz, Sirup und die Gewürze dazukneten. Ausrollen, auf ein bemehltes Backblech legen. Mit dem mit Wasser verquirlten Eigelb bepinseln und bei 180° nacheinander in der vorgeheizten Röhre 10–15 Minuten backen.

Kürbiskern-Fladen

300 g Vollkornweizen
100 g Kürbiskerne
½ TL Salz

etwas Ingwerpulver
wenig geriebene Muskatnuß
2 EL Öl

Vom feingemahlenen Weizen 3 EL zum Ausarbeiten zurücklassen, das übrige Mehl mit den Kürbiskernen vermischen. Mit ca. 200 g Wasser, Salz, den Gewürzen und 1 EL Öl gut verkneten, ausrollen. Das geht wegen der Dicke der Kürbiskerne nicht so dünn wie sonst. Die Fladen auf dem geölten Blech bei 180° ca. 15 Minuten backen.

Kürbiskern-Nuß-Fladen

200 g Vollkornweizen
100 g geriebene Haselnüsse
100 g Kürbiskerne
2 Eier

½ TL Salz
1 Prise Currypulver
2 EL Öl

Den feingemahlenen Weizen mit den Nüssen, ca. 200 g Wasser, einem ganzen Ei und einem Eidotter, Salz und Curry verrühren. Auf ein geöltes Blech Fladen streichen, dick mit den Kürbiskernen bestreuen. In der auf 180° vorgeheizten Röhre 10–15 Minuten backen.

Maisfladen
(spanisch)

150 g Maismehl
½ TL Salz
100 g Vollkornweizen
1 Ei
1 TL Öl

1 TL edelsüßes
Paprikapulver
50 g geriebener Käse
Butter für das Blech

Das Maismehl mit ½ l Wasser zum Kochen bringen, unter öfterem Rühren bei kleiner Hitze 5 Minuten kochen. Abkühlen lassen, dann Salz, den feingemahlenen Weizen, Ei, Öl, Paprika und Käse unterrühren. Auf ein eingefettetes Blech dünne Fladen streichen, bei 180° in der vorgeheizten Röhre in ca. 10 Minuten knusprig braun backen. Vorzüglich zu Salat!

Tortillas
(mexikanische Maisfladen)

Sie schmecken heiß am besten und werden in Mexiko mit chiligewürztem Öl beträufelt!

300 g Maismehl
100 g Joghurt

Salz
ca. 100 g Wasser

Die Zutaten vermischen, sehr gut durcharbeiten. Entweder in der vorgeheizten Röhre auf dem *heißen* Blech oder in der ohne Fett erhitzten Pfanne Fladen aus diesem Teig backen (in der Pfanne je Seite ca. 4 Minuten, in der Röhre insgesamt ca. 8 Minuten bei 200°).

Sonnenblumen-Fladen

3 Eier
250 g Vollkornweizen
½ TL Salz

2 EL feingeriebener Käse
150 g grobgehackte oder
ganze Sonnenblumenkerne

Die Eier mit dem feingemahlenen Weizen, 1 Tasse Wasser, Salz sowie Käse verrühren, gut durchkneten. Auf der Arbeitsplatte die Sonnenblumenkerne ausstreuen, darauf aus dem Weizenteig Fladen ausrollen oder mit den Händen plattdrücken. Bei 200° in der Röhre gut 10 Minuten backen.

Soja-Fladen

150 g Sojaflocken
250 g Vollkornweizen
1 EL Sojasoße

¼ l Joghurt
1 Prise Curcuma
2 EL Öl

Sojaflocken, 200 g vom feingemahlenen Weizen, Sojasoße, Joghurt und Curcuma verkneten, bei Bedarf noch Wasser dazugeben, damit ein geschmeidiger Teig entsteht. Mit dem restlichen Mehl dünne Fladen ausrollen, auf einem geölten Blech bei 180° in ca. 10 Minuten backen, noch heiß mit Öl bepinseln.

Sojakeim-Fladen

100 g Sojaflocken
150 g Vollkornweizen
1 Tasse Joghurt
1 EL Sojasoße

1 Ei
200 g Sojakeime
½ TL Ingwerpulver
2 EL Öl

Sojaflocken und feingemahlenen Weizen mit Joghurt, Sojasoße und Ei verrühren, gut durcharbeiten. Dann die Sojakeime und Ingwer untermischen. Mit den Händen kleine Fladen formen. Auf dem mit Öl bestrichenen Blech ca. 12 Minuten in der auf 180° vorgeheizten Röhre backen.

Hirse-Fladen

1 Tasse Hirse	100 g Vollkornweizen
1 Prise Salz	2 EL feingehackte Petersilie
1 Ei	2 EL Butter

Die Hirse in ½ l Salzwasser 20 Minuten bei kleiner Hitze quellen, dann abkühlen lassen. Das Ei, feingemahlenen Weizen (3 EL zum Ausrollen zurücklassen) und die Petersilie unterkneten. Fladen ausrollen, auf einem gebutterten Blech bei 180° in ca. 12 Minuten backen, noch heiß mit Butter bestreichen.

Haferflocken-Fladen

300 g Vollkorn-Haferflocken	1 Ei
	1 Tasse Milch
50 g feingeriebene Haselnüsse	½ TL Salz
	1 Prise gemahlene Muskatnuß
50 g Vollkornweizen	Butter für das Blech
½ TL Backpulver	
1 EL Honig	

Die Haferflocken mit den Nüssen, feingemahlenem Weizen und Backpulver vermischen, dann die übrigen Zutaten dazuarbeiten, eventuell noch etwas Wasser dazugeben. Mit feuchten Händen dünne Fladen auf ein gut gebuttertes Blech drücken, in der auf 180° vorgeheizten Röhre in ca. 10 Minuten knusprig backen.

Hefe-Fladen

400 g Sechskorn-Getreide   1 Tasse Milch
½ TL Salz   20 g Hefe
1 Ei   Fett für das Blech
1 Prise Paprikapulver

Das feingemahlene Getreide mit dem Salz vermischen, 4 EL
zum Ausrollen zurücklassen. Salz, Ei, Paprika, die erwärmte
Milch, 3 EL Mehl und die Hefe verrühren, unter einem Tuch
bei guter Zimmertemperatur 15 Minuten aufgehen lassen.
Dann das restliche Mehl und soviel Wasser, daß ein fester,
aber geschmeidiger Teig entsteht, dazukneten. Den Teig
dünn ausrollen, mit einem Kuchenteller Fladen ausstechen.
Auf ein gefettetes Blech legen, noch 10 Minuten aufgehen
lassen. Mehrmals einstechen, dann bei 180° ca. 12 Minuten
backen. Indessen die übrigen Fladen auf Pergamentpapier
aufgehen lassen, mit dem Papier auf das Backblech legen
oder vorsichtig vom Papier auf das Blech gleiten lassen. Noch
heiß mit schwach gesalzenem Wasser bepinseln.

Roggen-Sauerteig-Fladen

½ Tasse Roggen-Sauerteig   4 EL Vollkornmehl
nach unserem Rezept auf   ½ TL Kümmel
Seite 32   50 g Butter

Aus dem Sauerteig dünne Fladen ausrollen. Mit Wasser bepinseln, mit etwas Kümmel bestreuen. Auf dem gut gebutterten Blech bei 180° ca. 12 Minuten backen, noch heiß mit
Butter bestreichen.

Kartoffel-Fladen

400 g gekochte oder rohe
Kartoffeln (wenn Sie Reste
verwerten wollen, auch
gemischt!)
150 g Vollkornweizen
½ TL Backpulver
½ TL Salz
1 Prise gemahlene
Muskatnuß

1 Ei
1 Tasse Milch oder Sahne
2 EL feingeschnittene
Kresse
Vollkornmehl zum
Ausrollen
Fett für das Blech

Die geschälten Kartoffeln reiben. Den feingemahlenen Weizen mit Backpulver, Salz und Muskat vermischen. Dann mit allen übrigen Zutaten verkneten. Fladen ausrollen und auf ein gut gefettetes Blech (Butter ist zum Fetten gut, noch besser aber sind ausgebratene Speckwürfel mit ihrem Fett!) legen, bei 200° in der Röhre ca. 12 Minuten backen. Oder in der Bratpfanne auf jeder Seite mit nicht zuviel Fett von jeder Seite ca. 5 Minuten bräunen.

Knäckebrot

200 g Vollkornweizen
100 g Vollkornroggen
1 Prise Salz
100 g geschroteter
Leinsamen

30 g Hefe
¼ l Milch
Öl für das Blech

Das grobgemahlene Korn mit dem Salz vermischen. 3 EL davon mit der Hefe und der lauwarmen Milch verrühren, mit einem Tuch bedeckt im Warmen 15 Minuten aufgehen lassen. Ein Blech mit Öl bestreichen, die Hälfte des Leinsamenschrots daraufstreuen. Das übrige Mehl und die restlichen Leinsamen mit der Hefemilch zu einem Teig kneten, auf einem sauberen Küchenhandtuch sehr dünn ausrollen, auf das Blech stürzen. In der auf 180° vorgeheizten Röhre knapp 10 Minuten backen, dann noch heiß in Rechtecke schneiden, vom Blech nehmen. Ergibt mehrere Bleche.

Sesam-Knäckebrot

schmeckt besonders fein. Dafür den Leinsamenschrot durch ungeschälte Sesam-Saat ersetzen.

Pitta

heißt ein rund um das Mittelmeer beliebtes Fladenbrot. Seine Besonderheit: Es soll sehr gut aufgehen! Der Teig ist weicher als gewöhnlich bei Fladenbroten und muß stundenlang gehen. Weil Pitta so locker ist, kann man sie auch mit Käse, Wurst, Fleisch und vielem anderen füllen.

400 g Vollkornweizen	*4 EL Öl*
30 g Hefe	*verschiedene frische*
½ TL Salz	*Kräuter*

Vom feingemahlenen Weizen 4 EL zum Ausarbeiten zurücklassen. 3 weitere EL Mehl mit 1 Tasse warmem Wasser, der Hefe und dem Salz glattrühren, im Warmen unter einem Tuch 20 Minuten gehen lassen. Dann restliches Mehl und ⅜ l Wasser dazukneten. Den Teig mindestens 2, noch besser 3 Stunden aufgehen lassen. Das Öl mit den Kräutern vermischen, in der Sonne während der Aufgehzeit Aroma ziehen lassen. Vom Teig Fladen ausrollen, auf ein mit dem Kräuteröl bestrichenes Blech legen, noch einmal 1 Stunde gehen lassen. Bei 180° 10 Minuten backen, noch heiß mit Kräuteröl beträufeln.

Piadina

Sicher kennen Sie dieses köstliche Fladenbrot von den Ständen der adriatischen Urlaubsgebiete. Sparsame (und kluge) italienische Familien kaufen es (es wird immer frisch angeboten), dazu frischen Mozzarella, vorzügliche Salami, viel frisches Obst und ein Glas Wein – und ein Gericht ist zusammengestellt, das die Menüs aller Touristenrestaurants in Schatten stellt!

400 g Vollkornweizen   *1 Prise Salz*
100 g Butter

Den feingemahlenen Weizen mit Butter (noch würziger ist Schweineschmalz) und Salz sowie knapp ¼ l Wasser sehr gut durchkneten. In höchstens halbzentimeterdicke Fladen ausrollen, kleine Scheiben ausstechen oder ausradeln, in der Pfanne ohne Fett (je Seite gut 4 Minuten) oder auf dem Backblech in der auf 180° vorgeheizten Röhre (insgesamt 10 Minuten) backen, während des Backens öfter einstechen, damit die Fladen schön flach bleiben.

Tigelle

ebenfalls ein italienisches Fladenbrot. Es wird wie Piadina hergestellt, allerdings mit Hefe gelockert. Das Schweinefett dient nur zum kleinen Teil zum Verfeinern des Teigs, es kommt dick auf das Blech und ergibt die besonders pikante Kruste.

400 g Vollkornweizen	*½ TL Salz*
20 g Hefe	*1 Knoblauchzehe*
100 g Butter oder	*Rosmarin*
Schweinefett	*Salbei*

Vom feingemahlenen Weizen 4 EL zum Ausarbeiten zurücklassen. 3 EL Mehl mit der Hefe in 1 Tasse warmem Wasser anrühren, unter einem Tuch im Warmen 15 Minuten aufgehen lassen. Dann 2 EL Fett, das restliche Mehl und ¼ l Wasser dazukneten, bis ein nicht zu fester Teig entsteht. Dünn ausrollen, gut tassengroße (nicht zu große) Fladen ausstechen. Restliches Fett mit Salz, gepreßtem Knoblauch und feingeschnittenem oder zerbröseltem Rosmarin und Salbei vermischen, das Blech damit bestreichen. Die Teigscheiben darauflegen, noch einmal aufgehen lassen, dann bei 180° knapp 10 Minuten backen, dick mit dem restlichen Knoblauch-Kräuter-Fett bestreichen und je zwei zusammenlegen.

Focaccia

nennt man in Italien, wo man die kleinen Geschmacksnuancen liebt, Hefefladen nach dem Rezept der Tigelle, jedoch werden hier frische, kleingeschnittene Kräuter mit in den Teig gegeben.

Sciatt

heißt eine besonders aparte Fladenart der norditalienischen Bergbauern. Hier eines der vielen Rezepte dafür – jede Familie schwört auf ihr eigenes!

200 g Vollkornweizen
200 g Buchweizenmehl
(weil Buchweizen auf den
kargen Bergäckern
besonders gut gedeiht!)
Salz

200 g kleine Würfel von
halbfestem Käse, wie
Bel Paese
2 EL Grappa
Olivenöl

Vom feingemahlenen Weizen 4 EL zum Ausarbeiten zurücklassen. Den Rest mit Buchweizenmehl und Salz vermischen, mit ¼ l Wasser verkneten. Bei Bedarf noch Wasser dazugeben, der Teig soll nicht zu fest sein. Dann einen Kloß daraus formen, 1–2 Stunden ruhen lassen. Danach winzige Käsewürfelchen und den Schnaps einarbeiten. Kleine, dünne Fladen formen, auf ein mit Olivenöl bestrichenes Blech legen, auch die Oberseite der Fladen mit Olivenöl bepinseln. Bei 180° ca. 8 Minuten backen.

Sfinciuni

eine sizilianische Delikatesse.

400 g Vollkornweizen
30 g Hefe
1 Tasse Olivenöl
1 Zitrone

2 Zwiebeln
100 g geriebener Käse
Salz, Pfeffer
Mehl für das Blech

Vom feingemahlenen Weizen 3 EL zum Ausarbeiten zurücklassen. 3 weitere EL Mehl mit der Hefe, 3 EL Öl, Zitronensaft und 1 Tasse lauwarmem Wasser verrühren, mit einem Tuch bedeckt bei guter Zimmertemperatur (noch besser: in der Sonne) mindestens 1 Stunde gehen lassen. Dann noch 1 Tasse Wasser und das restliche Mehl einarbeiten, noch einmal gehen lassen, während Sie die feingehackten Zwiebeln im restlichen Öl anschmoren und wieder erkalten lassen. Zwiebeln, Käse, wenig Salz und viel Pfeffer mit in den Teig kneten, den Teig dünn ausrollen. Tellergroße Fladen formen, auf dem bemehlten Blech bei 180° in ca. 10 Minuten backen. Noch heiß zu Rotwein und Tomatensalat reichen.

Scones

schmecken den Engländern zum Fünf-Uhr-Tee.

400 g Vollkornweizen	*Salz*
40 g Hefe	*200 g Butter*
1 Tasse Milch	

Vom feingemahlenen Weizen 3 EL zum Ausrollen des Teigs zurücklassen. Die Hefe in der erwärmten Milch mit 3 EL Mehl anrühren, 10 Minuten aufgehen lassen. Dann alle anderen Zutaten dazukneten. Wenn der Teig wirklich glatt und geschmeidig ist, eine Kugel daraus formen, unter einem Tuch 30 Minuten aufgehen lassen. Dann fingerdick ausrollen, mit einer Kaffeetasse Kreise ausstechen. In der auf 180° vorgeheizten Röhre auf dem gefetteten Blech 15–20 Minuten backen, noch heiß servieren. Dazu Butter und Erdbeermarmelade reichen.

Blinis

diese russischen Fladen sollten Sie kennen. Ein Gedicht: warme Blini mit eiskalter Sahne und viel Kaviar!

400 g Vollkornweizen	*4 EL Quark*
3 Eier	*Salz*
½ l Milch	*Fett für das Blech*

Feingemahlenen Weizen schnell mit den anderen Zutaten verrühren. 30 Minuten quellen lassen. Dann mit dem Eßlöffel Fladen auf das gefettete Backblech streichen, in der auf 180° vorgeheizten Röhre ca. 10 Minuten backen. Sie können die Blinis aber auch mit sehr wenig Fett in der Pfanne backen.

Pizza

Diese in Italien so verbreitete (und von vielen von uns voll geteilte) Vorliebe für pikante, belegte Fladen versteht man besonders gut, wenn Vollkornteig dafür verwendet wird. Bestreiten Sie doch damit öfter einmal eine Mahlzeit – mit frischem Salat ergänzt ist das ein Genuß!
Verschiedene Pizzateige:

Weizen-Hefe-Pizza

500 g Vollkornweizen	*Fett für die Formen*
40 g Hefe	

Vom feingemahlenen Weizen rund zwei Handvoll zum Ausarbeiten zurücklassen. Hefe mit 3 EL Mehl und 1 Tasse lauwarmem Wasser verrühren, mit einem Tuch bedeckt 20 Minuten aufgehen lassen. Dann restliches Mehl und ca. 150 g Wasser dazukneten. Der Teig muß so gut durchgeknetet werden, daß er Blasen wirft! Noch einmal zudecken und im Warmen auf rund die doppelte Größe aufgehen lassen, das dauert je nach Zimmertemperatur 30–60 Minuten. Dann den Teig in vier Stücke teilen, mit der Hand kräftig plattschlagen, bis er dünner als ½ cm und so groß wie die dafür bestimmte Form ist. In die gefetteten Formen legen, Rand bilden, noch einmal gehen lassen. Belegen nach einem der ab Seite 74 folgenden Rezepte.

Blätterteig-Pizza

Sie ist bei uns, des zarteren Teiges wegen, besonders beliebt. Weil der Teig an sich schon fett ist, »magerer« belegen!

200 g Butter   *½ TL Salz*
300 g Vollkornweizen   *ca. 100 g Joghurt*

Die Butter in Flöckchen zerteilen, auf dem feingemahlenen Vollkornweizen verteilen. Joghurt darüberträufeln und mit dem Salz schnell verkneten. Den Teig mehrmals ausrollen und wieder von allen Seiten zusammenklappen. Dann in Folie wickeln und rund 30 Minuten in den Kühlschrank legen, nochmals einige Male ausrollen und zusammenschlagen. Dann dünn in der Größe der vorgesehenen Formen ausrollen, in die kalt ausgespülten Formen legen. Einen Rand bilden. Beliebig belegen.

Quark-Blätterteig-Pizza

Sie ist ganz besonders saftig. Der Teig sollte aber, damit er gut durchbäckt, vor dem Belegen ca. 10 Minuten vorgebacken werden.

125 g Butter   300 g Vollkornweizen
200 g Magerquark   ½ TL Salz

Alles verkneten und ebenso wie Blätterteig nach vorigem Rezept verarbeiten.

Haferflocken-Pizza

200 g Vollkornweizen   ½ TL Salz
200 g Vollkorn-Haferflocken   2 Eier
¼ l Wasser oder Milch   Fett für die Formen
40 g Hefe

Den feingemahlenen Weizen mit den Haferflocken vermischen. 3 EL zum Ausarbeiten zurücklassen, weitere 3 EL mit 1 Tasse lauwarmer Flüssigkeit und der Hefe verrühren, im Warmen unter einem Tuch 20 Minuten gehen lassen. Dann die restliche Flüssigkeit und das Getreide, Salz sowie die Eier dazumischen, wie Weizen-Hefeteig für die Pizza S. 70 weiterverarbeiten. Haferflocken-Pizza wird besonders knusprig, aber nicht hart, wenn Sie den Teig 10 Minuten vorbacken. Kräftig im Geschmack macht es sie, wenn die Haferflocken vor der Verwendung leicht in der trockenen Pfanne vorgeröstet werden.

Mais-Pizza

150 g Maismehl

30 g Butter

½ TL Salz

1 EL geriebener Käse

Fett für die Formen

Das Maismehl mit 600 g Wasser unter Rühren dickkochen, dann schnell Butter, Salz und Käse einrühren. Dünn in gefettete Formen streichen, Rand bilden, 15 Minuten vorbakken. Beliebig belegen.

Buchweizen-Pizza

250 g Vollkornweizen

200 g Buchweizenmehl

350 g Wasser

1 Prise Salz

1 TL Honig

40 g Hefe

1 EL Petersilie

Fett für die Formen

Vom feingemahlenen Weizen 3 EL zum Ausarbeiten zurücklassen. Das Buchweizenmehl bei kleiner Hitze in ¼ l Wasser quellen lassen. Das restliche, leicht erwärmte Wasser mit Salz, Honig und Hefe verrühren, unter einem Tuch im Warmen auf die doppelte Größe aufgehen lassen. Dann alle übrigen Zutaten dazukneten, noch einmal aufgehen lassen. Dünn ausrollen, in die gefetteten Formen drücken, dabei Rand bilden, noch einmal aufgehen lassen, belegen.

Sesam-Pizza

Wie Weizen-Hefe-Pizza (Seite 70) bereiten, jedoch nur 400 g Vollkornweizen verwenden, unter den fertigen Teig 100 g leicht angeröstete Sesamsaat kneten.

Hirse-Pizza

wie Buchweizen-Pizza bereiten, jedoch statt des Buchwei-
zenmehls Hirse verwenden, ebenso wie Buchweizen vorkochen.
Und nun zu unseren Belägen:

Pizza Romana

Einer der vorhergehenden
Pizza-Teige nach Ihrem
Geschmack
4 EL bestes Olivenöl
4 Sardellenfilets
möglichst frisches (zur Not
auch getrocknetes)
Basilikum

400 g Fleischtomaten
400 g zarter Käse,
wie Mozzarella oder
Ricotta oder junger
Pecorino

Pizza-Teig dünn ausrollen. Olivenöl mit den feingehackten
Sardellenfilets und Basilikum verrühren, durchziehen lassen.
Die gut gewaschenen Tomaten in dünne Scheiben schneiden, dachziegelartig mit Käsescheiben auf den Teig schichten. Mit dem Würzöl beträufeln, bei 200° in der vorgeheizten Röhre goldbraun backen. Sofort servieren.

Pizza Fiorentina

Einer der vorhergehenden
Pizza-Teige nach Ihrem
Geschmack, am besten
Blätter- oder
Quarkblätterteig
400 g Blattspinat
2 Knoblauchzehen

1 Zitrone
1 Döschen Tomatenmark
3 Eidotter
100 g geriebener
Parmesankäse
100 g Sahne

Den Spinat vorbereiten, im Abtropfwasser 5 Minuten garen. Dann abtropfen lassen, grob hacken. Auf den 15 Minuten vorgebackenen Teig legen. Den gepreßten Knoblauch, Zitronensaft, Tomatenmark, Eidotter, Käse und Sahne verrühren, mit etwas Salz abschmecken, darübergießen. Bei 200° backen, bis die Käsemasse goldbraun und blasig ist (ca. 10 Minuten).

Pizza Napolitana

Weizen-Hefe-Pizzateig
nach dem Rezept auf S. 70
6 EL Olivenöl
6 Knoblauchzehen
Salz

Oregano
Basilikum
1 Tasse entsteinte schwarze
Oliven
600 g Fleischtomaten

Auf den in der Form aufgegangenen Teig 2 EL des mit gepreßtem Knoblauch, Salz, kleingeschnittenem Oregano und Basilikum verrührten Öls träufeln. Oliven halbieren, mit hauchdünnen Tomatenscheiben auf den Teig legen. Leicht salzen, mit dem übrigen Würzöl beträufeln, bei 200° ca. 25 Minuten backen.

Pizza Bolognese

Weizen-Hefe-Pizzateig
nach dem Rezept auf S. 70
2 EL Olivenöl
400 g Tatar
1 Bund Suppengemüse

1 Zwiebel
1 Döschen Tomatenmark
Salbei und Rosmarin nach
Geschmack
Salz

Öl in der Pfanne erhitzen. Das zerpflückte Tatar, das vorbereitete, zerkleinerte Suppengemüse und die gehackte Zwiebel darin unter Umrühren gut durchschmoren. Dann das
Tomatenmark zufügen, mit Salz, Salbei und Rosmarin abschmecken. Auf den Teig streichen, bei 200° ca. 20 Minuten
backen.

Pizza con Pesto

Beliebiger Pizza-Teig nach
einem der vorigen
Grundrezepte
1 Tasse Öl
1 Tasse geriebene Pistazien

1 Tasse beliebige frische
Kräuter
Basilikum
4 Knoblauchzehen
1 TL Salz

Den Pizzateig dünn ausgerollt in vier Formen oder auf das
Backblech legen (Hefeteig aufgehen lassen). Inzwischen alle
übrigen Zutaten zu einer glatten Masse verrühren, auf den
Teig streichen. In der auf 200° vorgeheizten Röhre 15 Minu-
ten backen.
Dazu paßt Tomatensalat.

Riviera-Pizza

Blätter- oder Quarkblätterteig nach einem der
vorigen Rezepte
1 Zucchini
1 Aubergine
4 Fleischtomaten
1 Zwiebel
1 Knoblauchzehe

2 Paprikaschoten
4 EL Öl
Salz, Pfeffer
Rosmarin, Salbei
2 EL feingehackte Petersilie
4 EL geriebener
Parmesankäse

Den Teig dünn ausgerollt in vier Formen oder auf das Backblech legen, 15 Minuten bei 180° vorbacken. Inzwischen alles Gemüse vorbereiten, in Scheiben schneiden. Im Öl unter
Umrühren ca. 5 Minuten durchschmoren. Dann mit Salz und
Pfeffer abschmecken, die Gewürze dazugeben. Auf dem
Teig verteilen, mit Petersilie und Käse bestreuen, bei 200° in
der vorgeheizten Röhre noch 10—15 Minuten backen.

Möhren-Pizza

Beliebiger Pizzateig
600 g Möhren
100 g Butter
1 Tasse Würfelbrühe

3 Pfefferkörner
100 g geriebener Käse
frischgemahlener Pfeffer
etwas Pfefferminze

Vier Formen oder ein Backblech mit Pizzateig auslegen,
eventuell aufgehen lassen. Inzwischen die vorbereiteten, in
feine Scheiben geschnittenen Möhren in 50 g Butter anschmoren, mit der Brühe aufgießen, garen. Die Hälfte davon
mit dem Schaumlöffel herausnehmen, auf dem Teig verteilen. Den Rest mit der Flüssigkeit pürieren. Mit dem Käse vermischen, darüberstreuen. Mit Pfeffer und etwas zerbröselter
Pfefferminze bestreuen, bei 200° 25 Minuten backen.

Kleingebäck
(Brötchen und Hörnchen)

Kleingebäck aus Vollkornteig ist ideal, um dem Backanfänger Mut und Freude zu machen: Es erfordert wenig Zeit und gelingt praktisch immer.

Allerdings ist gerade hier auf den Hitzeunterschied zwischen den verschiedenen Herden, auf den wir Sie schon mehrmals aufmerksam gemacht haben, zu achten: Weil es auf die Minute ankommt, wenn die Gesamtbackzeit nur 10–20 Minuten beträgt, muß das Backgut schon einige Minuten vor Ende der empfohlenen Backzeit kontrolliert und die Backdauer je nach Herd und seiner Hitzeentwicklung verkürzt oder verlängert werden. Problemlos ist dies im modernen Herd mit Sichtfenster in der Röhre, ganz exakt mit dem Stäbchentest.

Alle Kleingebäckteile werden auf ein gefettetes Blech gesetzt. Besonders praktisch finden wir das gläserne Backblech, im Fachhandel jetzt überall angeboten, mit dem hohen Rand, der das Gebäck besonders saftig erhält.

Ein Tip: Nutzen Sie die heiße Röhre, und stellen Sie gleich neben das Kleingebäck eine Kastenform mit Brot- oder Kuchenteig. Sie bleibt, wenn das Kleingebäck fertig aus der Röhre genommen wurde, bis zum Ende der erforderlichen Backzeit im Ofen. Sie sparen rund die Hälfte der Heizkosten, weil sowohl die Anheizzeit wie auch ein Teil der Backzeit entfällt. Bei Kleingebäck gilt es, Mut und Fantasie zu entwickeln! Erfinden Sie immer neue Formen, kombinieren Sie verschiedene Teige und Füllungen, schlingen Sie Brezeln und kleine Zöpfe.

Beginnen wir mit dem Kleingebäck, das man an jedem Tag und zu jeder Tageszeit liebt: Dem Brötchen in seinen Variationen! Hier, ehe wir an die Variationen gehen, zuerst die Grundrezepte der »normalen« Brötchen:

Weizenbrötchen

550 g Vollkornweizen	1 TL Salz
350 g Wasser	1 TL Honig
40 g Hefe	Fett für das Blech

Vom feingemahlenen Weizen gut 5 EL zum Ausarbeiten zurücklassen. Weitere 3 EL mit 1 Tasse erwärmtem Wasser, Hefe, Salz und Honig glattrühren, bedeckt im Warmen 20 Minuten gehen lassen. Dann restliches Wasser und Mehl einarbeiten. Der Teig muß sehr gut durchgearbeitet sein, nur dann werden die Brötchen schön locker. Den Teig in einer Schüssel mit einem Tuch bedeckt bei guter Zimmtertemperatur noch einmal aufgehen lassen – er sollte nun die doppelte Größe erreichen und braucht dazu je nach Wärme und Teigfestigkeit sowie Art des Getreides rund 20 Minuten. Dann noch ein weiteres Mal durchkneten. Stücke von ca. 50 g abnehmen und jedes Stück auf der bemehlten Arbeitsplatte in der hohlen Handfläche schön rund formen. Dann auf ein gefettetes Blech setzen, noch einmal 20 Minuten gehen lassen. Längs- oder kreuzweise oder auch in mehreren Kreuzen mit einem scharfen Messer einschneiden. Mit lauwarmem Wasser bestreichen und in der auf 200° vorgeheizten Röhre ca. 20 Minuten backen. Schmeckt frisch am besten, hält sich aber tagelang saftig!

Roggenbrötchen

Schmecken kräftiger als die aus Weizenmehl, werden ebenso, jedoch aus Vollkornroggen gebacken.

Sechskornbrötchen

Auch zu diesen Brötchen, aus einer Mischung aus Weizen, Roggen, Gerste, Hafer, Hirse, Buchweizen und dazu noch Kurkleie (im Reformhaus zu haben) gebacken, können Sie das Grundrezept für Weizenbrötchen verwenden. Weil jede dieser Getreidearten andere, und doch immer besonders gesundheitsfördernde Zusammensetzungen hat, tun Sie mit dieser Mischung besonders Gutes!
Und nun zu unseren Variationen:

Apostel-Brötchen

450 g Vollkornweizen	2 EL Sahne
100 g ungeschälte	1 TL Salz
Sesamsaat	200 g (knapp ¼ l) Milch
40 g Hefe	3 Eier
1 EL Honig	Butter für das Blech

Vom feingemahlenen Weizen 3 EL zum Ausarbeiten des Teigs zurücklassen. Weitere 3 EL Mehl mit der Hefe in ½ Tasse warmem Wasser verrühren, 20 Minuten im Warmen mit einem Tuch bedeckt stehenlassen. Nach und nach Honig, die Sahne, das mit Milch und Eiern verrührte Salz und das restliche Mehl sowie die ohne Fett in der Pfanne leicht angerösteten Sesamkörner untermischen, sehr gut verkneten.

Den Teig mit einem Tuch bedeckt noch weitere 20 Minuten gehen lassen, dann wieder gut durchkneten. Teigstücke von je ca. 50 g abnehmen. Auf der bemehlten Arbeitsplatte mit der hohlen Hand Brötchen formen und auf das gefettete Blech setzen. Bei guter Zimmertemperatur noch ca. 20 Minuten aufgehen lassen. Dann mit Milch bestreichen, in der auf 200° vorgeheizten Röhre in gut 15 Minuten backen.

Anis-Brötchen

450 g Vollkornweizen   1 TL Honig
50 g Buchweizen-Vollmehl   2 EL Butter
40 g Hefe   ca. ½ Tasse Anis
⅛ l Milch   Fett für das Blech
1 TL Salz

Den feingemahlenen Weizen mit Buchweizen-Vollmehl vermischen, ca. 3 EL zum Ausarbeiten zurücklassen. Die Hefe in ⅛ l leicht erwärmtem Wasser anrühren, 3 EL Mehl, Salz und Honig dazumischen. Im Warmen mit einem Tuch bedeckt in ca. 20 Minuten aufgehen lassen. Dann das restliche Mehl, Milch und 1 EL Butter dazukneten, noch einmal 20 Minuten gehen lassen. Den Teig in Brötchenstücke zerteilen, kreuzweise einschneiden. Mit der restlichen erwärmten Butter bestreichen und mit der Oberfläche in Anis drücken. Auf das gefettete Backblech setzen, noch weitere 20 Minuten gehen lassen, in der auf 200° vorgeheizten Röhre 20 Minuten bakken.

Brandteig-Brötchen

½ l Milch
125 g Butter
1 EL Honig
1 TL Salz
250 g Vollkornweizen

6 Eier
1 kleine Prise geriebener
Muskat
2 EL Sahne
1 TL Backpulver

Die Milch mit Butter, Honig und Salz aufkochen. Den feingemahlenen Weizen auf der Kochstelle darunterrühren, bis
sich der Teig vom Topfrand löst. Die Masse abkühlen lassen,
dann 3 Eidotter und 3 ganze Eier mit dem Muskat und Backpulver verquirlen, langsam nach und nach unterrühren. Die
Masse in den Spritzbeutel füllen und mit großer Sterntülle
Brötchen auf ein bemehltes Blech spritzen. In der auf 220°
vorgeheizten Röhre 20 Minuten backen.

Buchweizen-Brötchen

250 g Vollkornweizen
125 g grobgemahlener
Buchweizen
30 g Hefe
1 TL Salz

2 Eidotter
2 EL Butter
200 g Joghurt
Fett für das Blech

Den feingemahlenen Weizen mit Buchweizen vermischen,
3 EL zum Ausarbeiten zurücklassen. Die Hefe mit 3 EL Mehl
in ⅛ l leicht erwärmtem Wasser anrühren, mit einem Tuch
bedeckt im Warmen 20 Minuten aufgehen lassen. Dann alle
übrigen Zutaten unterkneten. Weitere 20 Minuten aufgehen
lassen. Stücke von ca. 50 g Gewicht abnehmen, auf der be-

mehlten Arbeitsplatte in der hohlen Hand runddrehen. Auf ein gefettetes Blech setzen, mit einem Tuch bedeckt weitere 20 Minuten aufgehen lassen, dann mit einem scharfen Messer mehrmals einschneiden. Mit Wasser bespinseln und in der auf 200° vorgeheizten Röhre ca. 20 Minuten backen.

Tip: Die Brötchen schmecken besonders apart, wenn Sie den Buchweizenschrot vor dem Backen kurz in der trockenen Pfanne anrösten.

Französische Brötchen

40 g Hefe	1 TL Salz
¼ l Milch	1 TL Honig
30 g Butter	1 Eigelb
500 g Vollkornweizen	Fett für das Blech
1 Ei	

Die Hefe mit ½ Tasse leicht erwärmtem Wasser und 3 EL feingemahlenem Weizen sowie Salz und Honig verrühren, im bedeckten Gefäß im Warmen 20 Minuten stehenlassen. Butter schaumig rühren, vom Mehl 3 EL zum Ausarbeiten zurücklassen, das übrige mit dem ganzen Ei, Milch und Mehl zur Hefemasse kneten. Den Teig zu einer Kugel rollen, mit einem Tuch bedeckt weitere 20 Minuten aufgehen lassen, dann Stücke von ca. 50 g abnehmen, Brötchen daraus formen. Auf das gefettete Backblech legen, weitere 20 Minuten gehen lassen, dann mit dem verquirlten Eigelb bestreichen und in der auf 180° vorgeheizten Röhre ca. 20 Minuten bakken.

Gewürzbrötchen

40 g Hefe
¼ l Buttermilch
500 g Vollkornweizen
2 Eigelb
1 TL Kümmel

1 Prise Koriander und
Ingwerpulver
1 TL Salz
Fett für das Blech
Milch zum Bestreichen

Die Hefe mit ½ Tasse leicht erwärmter Buttermilch anrühren, bedeckt im Warmen 20 Minuten aufgehen lassen. Inzwischen das feingemahlene Mehl mit den Gewürzen vermischen. Eidotter, ca. 100 g Wasser, die restliche Milch und das Mehl zur Hefemilch kneten, 15 Minuten gehen lassen. Dann noch einmal gut durcharbeiten und in Stücke teilen. Zu Brötchen rollen, kreuzweise einschneiden und auf das gefettete Blech setzen, mit Milch bestreichen und noch einmal 20 Minuten gehen lassen. In der auf 180° vorgeheizten Röhre gut 20 Minuten backen.

Haferflocken-Brötchen

40 g Hefe
150 g Vollkornweizen
300 g grobe Haferflocken
¼ l Buttermilch
1 TL Salz

etwas geriebene
Muskatnuß
1 TL Honig
3 EL Butter

Die Hefe in 1 Tasse lauwarmem Wasser verrühren, 3 EL feingemahlenen Weizen dazugeben. Mit einem Tuch bedeckt 15 Minuten aufgehen lassen. Dann Mehl, Haferflocken, Buttermilch, Muskat, Salz, Honig und 1½ EL Butter dazukneten.

Weitere 20 Minuten gehen lassen, noch einmal durchkneten, Brötchen formen, auf das gebutterte Blech legen und nach nochmaligem Aufgehen bei 180° in der vorgeheizten Röhre ca. 20 Minuten backen. Noch heiß mit warmer Butter bepinseln.

Hamburger Heißwecken

500 g Vollkornweizen	50 g Butter
⅜ l Milch	1 TL Cardamom
45 g Hefe	1 TL Salz
2 EL Honig	1 Eigelb
1 TL Zimt	Fett für das Blech

Den feingemahlenen Weizen (3 EL zum Ausarbeiten zurücklassen) mit der leicht erwärmten Butter, der in etwas lauwarmer Milch aufgelösten Hefe, Honig und Gewürzen sehr gut verkneten. Bei guter Zimmertemperatur mit einem Tuch bedeckt 20 Minuten aufgehen lassen, dann noch einmal gut durchkneten, Brötchen von ca. 50 g abwiegen, rund formen, dann etwas plattdrücken. Auf das gefettete Backblech setzen und mit einem Tuch bedeckt weitere 20 Minuten gehen lassen. Dann mit Eigelb bepinseln, in der auf 200° vorgeheizten Röhre knapp 20 Minuten backen.
Am besten schmecken diese Wecken noch warm. Sie wissen ja, daß auch ofenfrisches Vollkornbrot verträglich ist, nutzen Sie das aus.

Hirse-Brötchen

300 g Hirseflocken
200 g Vollkornweizen
1 Päckchen Backpulver
¼ l Milch
1 TL Salz

2 EL Honig
50 g Butter
2 Eier
Fett für das Blech

Hirseflocken, den feingemahlenen Weizen und das Back-pulver vermischen. Milch, ⅛ l Wasser, Salz, Honig und die leicht erwärmte Butter sowie das Eigelb verrühren. Dann die Mehlmischung einarbeiten, zuletzt das steifgeschlagene Ei-weiß dazugeben. Mit 2 Eßlöffeln Häufchen auf ein gefettetes Blech setzen, mit in Wasser getauchten Fingern glatt rund drücken. In der auf 180° vorgeheizten Röhre ca. 20 Minuten backen.

Joghurt-Brötchen

2 TL Backpulver
200 g Vollkornweizen
200 g ungeschälte
Sesamsaat
¼ l Joghurt

1 TL Selleriesalz
1 Prise Cardamom
2 EL Sirup
1 Eigelb
Fett für das Blech

Das Backpulver mit dem feingemahlenen Weizen und 100 g leicht angerösteter Sesamsaat vermischen. Mit Joghurt, Sel-leriesalz, Cardamom, Sirup und dem Eigelb verkneten. Bröt-chengroße Stücke abnehmen, im restlichen Sesam ausarbei-ten. Auf ein gefettetes Blech legen und mit Eigelb bestrei-chen. In der auf 180° vorgeheizten Röhre ca. 20 Minuten backen.

Auch Curcuma oder eine Spur Knoblauch würzen diese Brötchen apart-exotisch.

Sie dürfen auch 100 g Sesam durch Haferflocken ersetzen. Oder statt 200 g Vollkornweizen nur 150 g verwenden, dazu dann noch 50 g Buchweizen-Vollmehl.

Kastanien-Brötchen

schmecken köstlich im Winter!

400 g Vollkornweizen
1 Päckchen Backpulver
200 g Magerquark
100 g gekochte, geschälte,
durch den Fleischwolf
gedrehte Kastanien

1 TL Honig
1 TL Butter
1 EL feingehackte Petersilie
1 TL Salz

Den feingemahlenen Weizen mit Backpulver vermischen. Mit Quark, den Kastanien und ca. 1/4 l Wasser gut durchkneten. Honig, Butter, Petersilie und Salz dazugeben. Mit in kaltem Wasser befeuchteten Händen Kugeln drehen, auf ein gefettetes Backblech setzen. Mit Wasser bestreichen und in der auf 200° vorgeheizten Röhre je nach Größe 15–20 Minuten backen.

Kräuter-Brötchen

ein Genuß zu Käse und Quark!

400 g Vollkornweizen	4 EL gemischte frische
1 Päckchen Backpulver	feingehackte Kräuter (oder
200 g Quark	1 TL Kräuter der Provence,
30 g geriebener Käse	getrocknet, und 1 EL
1 EL Rübenkrautsirup	gehackte Petersilie)
1 Eigelb	$\frac{1}{2}$ TL Selleriesalz
	Fett für das Blech

Den feingemahlenen Weizen (3 EL zum Ausarbeiten zurücklassen) mit dem Backpulver vermischen. Quark mit $\frac{1}{4}$ l Wasser, dem Käse, Sirup, Eigelb und den Kräutern sowie Salz verrühren, das Mehl darunterkneten. Auf dem bemehlten Backbrett Brötchen formen, auf das gefettete Backblech setzen und in der auf 180° vorgeheizten Röhre je nach Größe ca. 20 Minuten backen.

Kartoffel-Brötchen

Besonders saftig, jedoch nicht lange haltbar!

300 g gekochte Kartoffeln	1 Päckchen Backpulver
300 g Vollkornweizen	nach Geschmack Kümmel
1 EL Honig	oder geriebene Muskatnuß
1 TL Salz	Fett für das Blech
50 g Butter	

Die Kartoffeln schälen, reiben. Vom feingemahlenen Weizen 3 EL zum Ausarbeiten zurücklassen, das übrige Mehl mit Salz, Backpulver und Kümmel oder Muskat vermischen.

Honig, gut 1 Tasse Wasser und Butter zusammen leicht erwärmen. Dann alles gut verkneten, nach Bedarf noch Wasser
dazugeben. Tischtennisballgroße Brötchen formen, auf ein
gefettetes Backblech setzen und flachdrücken, mit Wasser
oder Milch oder verquirltem Eigelb bestreichen, in der auf
180° vorgeheizten Röhre ca. 25 Minuten backen.

Kümmel-Brötchen

Dazu den Teig der Roggenbrötchen (S. 80) mit 1 EL Kümmel
vermischen. Vor dem Backen mit Wasser bestreichen, mit
Kümmel bestreuen. Unbedingt schön knackig backen und
frisch genießen.

Kürbiskern-Brötchen

350 g Vollkornweizen *150 g Kürbiskerne*
40 g Hefe *1 TL Anislikör*
¼ l Buttermilch *Fett für das Blech*
1 TL Salz

Vom feingemahlenen Weizen ca. 3 EL zum Ausarbeiten zurücklassen. Die Hefe in 1 Tasse lauwarmem Wasser auflösen,
mit einem Tuch bedeckt im Warmen 20 Minuten aufgehen
lassen. Dann das restliche Mehl, Buttermilch, Salz und Kürbiskerne sowie Anislikör (macht die Brötchen besonders
aromatisch!) unterkneten. Bei guter Zimmertemperatur weitere 20 Minuten gehen lassen. Dann Stücke von ca. 50 g abnehmen, auf dem bemehlten Backbrett in der hohlen Hand
Brötchen rollen. Auf das gefettete Backblech setzen, mit
Wasser bestreichen, noch einmal aufgehen lassen und in der
auf 180° vorgeheizten Röhre 20 Minuten backen.

Leinsamen-Brötchen

300 g Vollkornweizen
100 g Leinsamen, ganz
100 g geschroteter
Leinsamen
40 g Hefe
¼ l Buttermilch

1 TL Salz
1 Eigelb
1 kleine Prise Muskat
1 EL Sirup
Fett für das Blech

Den feingemahlenen Weizen mit dem im Ganzen gelassenen und 50 g geschroteten Leinsamen vermischen. Die Hefe in 1 Tasse leicht erwärmtem Wasser anrühren, mit einem Tuch bedeckt im Warmen 20 Minuten gehen lassen. Dann restliche Buttermilch, Salz, Eigelb, Muskat und Sirup, zuletzt die Getreidemischung unterkneten. Bei guter Zimmertemperatur den Teig weitere 20 Minuten gehen lassen, dann zu Stücken von ca. 50 g zerteilen. Auf der mit dem Leinsamenschrot bestreuten Arbeitsplatte mit der hohlen Hand Brötchen formen, auf ein gefettetes Backblech setzen, weitere 20 Minuten gehen lassen, in ca. 20 Minuten bei 180° backen.

Mais-Brötchen

Schwer, saftig, aber würzig!

200 g Vollkornweizen	3/8 l Buttermilch
150 g Vollkorn-	1 TL Salz
Haferflocken	1 TL Honig
150 g Maismehl	1 Prise Salbei
40 g Hefe	2 EL Butter

Den feingemahlenen Weizen mit 100 g Haferflocken und dem Maismehl vermischen. Die Hefe in 1 Tasse lauwarmer Buttermilch auflösen, Salz, Honig, Salbei und 3 EL Getreide dazugeben. Mit einem Tuch bedeckt im Warmen 20 Minuten gehen lassen. Dann das restliche Getreide und die übrige Milch dazugeben. Gut durchkneten, zu einem Kloß rollen und unter einem Tuch noch 30 Minuten aufgehen lassen. (Maismehl ist ziemlich schwer, braucht also länger, um lokker zu werden!) Brötchen auf einem mit Haferflocken bestreuten Brett formen, auf ein gefettetes Backblech legen. Noch einmal aufgehen lassen. Kreuzförmig einschneiden und in das Kreuz ein Butterflöckchen legen. Bei 200° 20 Minuten backen, dann noch heiß mit erwärmter Butter bestreichen.

Mohn-Brötchen

wie französische Brötchen (Rezept S. 83) bereiten, jedoch vor dem Backen mehrmals sternförmig einschneiden. Nach dem Bepinseln mit verquirltem Ei mit der Oberfläche in Mohn drücken.

Mandel-Brötchen

350 g Vollkornweizen
150 g grobgeriebene
Mandeln
40 g Hefe
⅜ l Milch
1 TL Salz

2 EL Butter
1 EL Honig
2 EL Zitronensaft
1 Eigelb
50 g Mandelblättchen
Fett für das Blech

Vom feingemahlenen Weizen 3 EL zum Ausarbeiten zurücklassen, übriges Mehl mit den Mandeln vermischen. Die Hefe in 1 Tasse leicht erwärmter Milch mit 2 EL Mehl und dem Salz anrühren. Mit einem Tuch bedeckt im Warmen 20 Minuten gehen lassen. Dann das übrige Mehl-Mandel-Gemisch, die restliche Milch, Butter, Honig und Zitronensaft gut einkneten. Zu einem Kloß rollen, bedeckt bei guter Zimmertemperatur 30 Minuten aufgehen lassen (Mandeln gehen schwer auf!), dann in Stücke teilen, Brötchen ausrollen und auf ein gefettetes Backblech setzen. Mit verquirltem Eigelb bestreichen, mit Mandelblättern bestreuen, noch einmal 20 Minuten gehen lassen und bei 180° gut 20 Minuten backken.

Walnuß-Brötchen

werden wie Mandel-Brötchen, jedoch mit gehackten Walnüssen bereitet. Zum Schluß je 1 Walnußhälfte in die Oberfläche drücken, erst dann mit Ei bepinseln und backen.

Haselnuß-Brötchen

ebenso wie Mandelbrötchen bereiten, jedoch 350 g Vollkornweizen und nur 100 g gemahlene Haselnüsse verwenden, weil Haselnüsse besonders aromastark sind.
Nach dem Bepinseln mit Eigelb mit leicht angerösteten, grob
gehackten Haselnüssen bestreuen.

Pfeffer-Brötchen

350 g Vollkornweizen   *1 TL gehackte Petersilie*
150 g Vollkornhaferflocken *1 EL grüne Pfefferkörner*
1 TL Salz   *aus dem Glas*
1 TL Backpulver   *Fett für das Blech*
¼ l Buttermilch

Den feingemahlenen Weizen mit den Haferflocken, Salz
und dem Backpulver vermischen. Buttermilch mit 1 Tasse
Wasser verrühren. Mit Petersilie und den Pfefferkörnern sowie dem Getreide schnell vermischen. Mit 2 Eßlöffeln Häufchen auf ein gut gefettetes Backblech setzen, mit in Wasser
angefeuchteten Händen runddrücken und in der auf 180°
vorgeheizten Röhre je nach Größe knapp 20 Minuten bakken. Noch heiß mit erwärmter Butter bepinseln.
Mit Butter bestreichen, Petersilie daraufstreuen – ein natürlicher Genuß.

Quark-Brötchen

500 g Vollkornweizen	5 EL Sahne
250 g Magerquark	1 TL Salz
50 g Hefe	1 EL Rübenkrautsirup
¼ l Milch	Fett für das Blech

Vom feingemahlenen Weizen 3 EL zum Ausarbeiten zurücklassen. Hefe in 1 Tasse lauwarmem Wasser mit 3 EL Mehl anrühren, unter einem Tuch im Warmen 20 Minuten gehen lassen, dann alle übrigen Zutaten dazukneten, weitere 20 Minuten aufgehen lassen. Stücke von ca. 50 g aufteilen, auf der bemehlten Arbeitsplatte Brötchen formen. Auf ein gefettetes Backblech setzen. Nach weiteren 20 Minuten in der auf 200° vorgeheizten Röhre 20 Minuten backen.

Schnelle Sauerteig-Brötchen

½ Paket Sauerteig-Extrakt	1 TL Salz
(gibt es im Reformhaus)	1 TL Honig
½ Paket Instant-Hefe	1 EL Butter
(ebenfalls aus dem	¼ l Milch
Reformhaus)	Fett für das Blech
250 g Vollkornweizen und	
250 g Vollkornroggen	

Die Trieb-Zutaten, feingemahlenes Korn, Salz, Honig, Butter, Milch und ⅛ l Wasser gut verkneten. Mit einem Tuch bedeckt im Warmen 20 Minuten gehen lassen. Längliche Brötchen daraus formen, auf ein gefettetes Backblech setzen. Bedeckt noch einmal ca. 20 Minuten aufgehen lassen, dann in der auf 200° vorgeheizten Röhre etwa 30 Minuten backen.

Großmamas Sauerteig-Brötchen

Teig nach dem Rezept für Sauerteig-Brot (Seite 32) bereiten,
jedoch mit ca. ⅔ Vollkornweizen und ⅓ Vollkornroggen.
Die gebackenen Brötchen mit erwärmter Butter bestreichen.
Sauerteigbrötchen können Sie mit gemahlenem Kümmel
würzen, aber auch mit etwas geriebener Zwiebel.

Sesam-Brötchen

350 g Vollkornweizen   1 Eidotter
150 g Sesamsaat, ungeschält   1 TL Salz
40 g Hefe   1 kleine Prise Koriander
¼ l Joghurt   Fett für das Blech
1 Ei

Vom feingemahlenen Weizen 3 EL zum Ausarbeiten zurücklassen. 100 g Sesamsaat in der trockenen Pfanne kurz anrösten, zum Mehl mischen. Die Hefe in 1 Tasse lauwarmem
Wasser mit 3 EL Getreidegemisch, dem Ei, Salz und Koriander
glattrühren, mit einem Tuch bedeckt im Warmen 20 Minuten gehen lassen. Dann das restliche Getreide und Joghurt
einarbeiten, sehr gut kneten. Zu einem Kloß formen, bedeckt bei guter Zimmertemperatur noch ca. 20 Minuten aufgehen lassen. Anschließend in Stücke zerteilen. Mit dem zu-
rückgelassenen Weizen auf der Arbeitsplatte zu Kugeln drehen. Dann zu länglichen Laiben formen, mit dem Eidotter
bepinseln und in die restliche ungeröstete Sesamsaat drük-
ken. Auf ein gefettetes Backblech legen, noch 20 Minuten
gehen lassen und bei 180° gut 20 Minuten backen.

Soja-Brötchen

Besonders eiweißreich!

400 g Vollkornweizen	*40 g Hefe*
100 g Sojaflocken	*³⁄₈ l Buttermilch*
40 g Butter	*1 TL Honig*
1 kleine Prise Currypulver	*Fett für das Blech*
1 TL Salz	

Das feingemahlene Korn mit den Sojaflocken vermischen. Butter mit Curry schaumig rühren. Salz und Hefe in einer Tasse leicht erwärmter Milch anrühren, Honig und 3 EL Mehlmischung dazugeben. Im Warmen mit einem Tuch bedeckt 20 Minuten aufgehen lassen, dann die Buttermischung, die restliche Milch und das restliche Getreide (3 EL zum Ausarbeiten zurücklassen) dazukneten. 20 Minuten bedeckt bei guter Zimmertemperatur gehen lassen, anschließend auf der bemehlten Arbeitsplatte Brötchen oder dicke Rollen formen, auf ein gefettetes Backblech setzen, noch einmal 20 Minuten gehen lassen, dann bei 200° ca. 20 Minuten backken.

Besonders saftig schmecken die Soja-Brötchen, wenn Sie 1 Tasse gut abgetropfte Sojakeime unter den Teig mischen. Diese Brötchen müssen aber innerhalb von 2–3 Tagen gegessen werden.

Sonnenblumen-Brötchen

250 g Vollkornweizen
250 g Sonnenblumenkerne
40 g Hefe
1 TL Salz
200 g Joghurt

1 Prise edelsüßes
Paprikapulver
(Paprika weglassen, wenn
Sie die Brötchen mit Honig
essen möchten)
Fett für das Blech

Vom feingemahlenen Weizen 3 EL zum Ausarbeiten zurücklassen. Die Hälfte der Sonnenblumenkerne durch die grobe Scheibe des Fleischwolfs drehen, die restlichen ganz lassen, alles mit dem Weizen mischen. Hefe, Salz, den leicht erwärmten Joghurt und Paprika in einer mit Knoblauch ausgeriebenen Schale vermischen. Mit einem Tuch bedecken und im Warmen 20 Minuten aufgehen lassen. Dann alle übrigen Zutaten unterkneten (wer Knoblauch mag, kann natürlich ½ Zehe oder noch mehr dazupressen), Teig 20 Minuten gehen lassen, anschließend Brötchenstücke abnehmen, rund oder länglich ausformen. Auf ein gefettetes Backblech legen und noch einmal 20 Minuten aufgehen lassen. Zum Schluß mit Wasser bepinseln und in der auf 200° vorgeheizten Röhre ca. 20 Minuten backen.

Speck-Brötchen

Die ideale Beilage zur Salatplatte!

250 g Vollkornweizen	125 g durchwachsener
250 g Vollkornroggen	Räucherspeck
40 g Hefe	½ TL Kümmel
	Fett für das Blech

Vom feingemahlenen Roggen und Weizen 3 EL zum Ausarbeiten zurücklassen. Speck fein würfeln, in einer Pfanne ausbraten, erkalten lassen. Hefe in 1 Tasse Wasser mit 3 EL Mehl anrühren, im Warmen mit einem Tuch bedeckt 20 Minuten aufgehen lassen. Dann ¼ l Wasser, Kümmel, das restliche Mehl und den Speck mit dem Speckfett einkneten. Bei guter Zimmertemperatur unter einem Tuch noch weitere 20 Minuten gehen lassen, dann Brötchen abnehmen, formen und auf ein gefettetes Backblech setzen. Noch einmal 20 Minuten aufgehen lassen, dann mit Wasser bestreichen und bei 200° in ca. 20 Minuten backen.

Zwiebel-Brötchen

200 g Vollkornweizen
200 g Vollkornroggen
100 g Vollkornhaferflocken
200 g Zwiebeln
2 EL Butter

50 g Hefe
1 TL Honig
¼ l Milch
1 TL Salz
Fett für das Blech

Vom feingemahlenen Weizen und Roggen 3 EL zum Ausarbeiten zurücklassen, das übrige Mehl mit den Haferflocken mischen. Die Zwiebeln sehr fein hacken und in der Pfanne in erhitzter Butter durchschmoren, abkühlen lassen. Die Hefe mit dem Honig und Salz in 1 Tasse lauwarmem Wasser anrühren, 3 EL der Getreidemischung dazugeben. Im Warmen mit einem Tuch bedeckt 20 Minuten gehen lassen, dann die Milch, das restliche Getreidegemisch und die Zwiebeln dazukneten. Weitere 20 Minuten im Warmen gehen lassen, nochmals durchkneten. Stücke von ca. 50 g abnehmen, auf einem bemehlten Arbeitsbrett in der hohlen Hand zu Brötchen formen, in der Mitte einschneiden. Mit Wasser bestreichen, auf ein gefettetes Blech setzen, weitere 15 Minuten gehen lassen, dann bei 200° in der Röhre 20 Minuten bakken.

Zwiebel-Speck-Brötchen

Wie Zwiebel-Brötchen bereiten, jedoch nur 150 g Zwiebeln verwenden und 50 g Speckwürfel mit ausbraten und in den Teig geben.

Gefüllte Brötchen

Brötchen mit Zwiebelfüllung

500 g Vollkornweizen	300 g Zwiebeln
¼ l Milch	2 EL Butter
50 g Hefe	1 Prise Currypulver
1 Ei	100 g Parmaschinken
1 EL Honig	1 Eigelb
Salz	Fett für das Blech

Vom feingemahlenen Weizen 3 EL zum Ausarbeiten zurücklassen. 1 Tasse Milch leicht erwärmen, die Hefe und 3 EL Mehl darin anrühren. Mit einem Tuch bedeckt im Warmen 20 Minuten gehen lassen. Dann das Ei, Honig, die restliche Milch, 1 Tasse Wasser und das übrige Mehl dazukneten. Noch einmal 20 Minuten gehen lassen. Auf dem bemehlten Backbrett in der hohlen Hand Brötchen formen, quer durchschneiden. Während die Brötchen aufgehen, die Zwiebeln schälen, grob hacken, in Butter durchschmoren. Mit Curry und wenig Salz würzen, mit dem in feine Streifchen geschnittenen Schinken vermischen. Die Teigstücke rundum am Rand mit Eigelb bestreichen. In die Mitte die Zwiebel-Schinken-Füllung geben, die beiden Brötchenhälften zusammensetzen, am Rand leicht zusammendrücken. Mit Eigelb bepinseln, weitere 15 Minuten bei guter Zimmertemperatur aufgehen lassen. Auf ein gefettetes Backblech setzen, bei 200° ca. 25 Minuten backen.

Brötchen mit Keime-Füllung

350 g Vollkornweizen
150 g Hirseflocken
1 EL Backpulver
¼ l Joghurt
ca. 400 g Sojabohnenkeime
2 EL Sojasoße

3 Eigelb
2 EL Butter
etwas Curcuma
1 EL Zitronensaft
Fett für das Blech

Den feingemahlenen Weizen mit den Hirseflocken vermischen. 3 EL zum Ausarbeiten, 3 EL zum Binden der Füllung zurücklassen. Die übrige Mischung mit dem Backpulver versieben, mit dem Joghurt und 1 Tasse Wasser verkneten. Sojakeime abtropfen lassen, mit der Sojasoße, 2 EL Getreidemischung und dem Eigelb unter Rühren in der erwärmten Butter anschmoren, mit Curcuma und Zitronensaft würzen. Aus der Hälfte des Teigs sehr flache Brötchen auf ein gefettetes Blech setzen, mit verquirltem Eigelb rundum bestreichen. Die Keime in der Mitte verteilen. Mit dem übrigen, in entsprechend große Scheiben zerteilten Teig bedecken, an den Rändern festdrücken. Mit Eigelb bestreichen, bei 200° in der Röhre ca. 25 Minuten backen. Nur wenige Tage haltbar!

Blätterteig-Hörnchen

Blätterteig nach dem
Rezept auf S. 71

1 Eigelb zum Bestreichen

Den mehrmals gut ausgerollten, zusammengelegten und kühlgestellten Blätterteig dünn ausrollen, zu Quadraten von ca. 15 cm Größe schneiden. Von einer Spitze her zusammenrollen, zu Hörnchen biegen, mit Eigelb bepinseln. Auf ein kalt überspültes Blech setzen und in der auf 180° vorgeheizten Röhre ca. 15 Minuten backen.

Brötchen mit Gemüse-Füllung

Haben Sie Reste von feinem Gemüse, gleich welcher Art, von Ihrer letzten Mahlzeit? Dann machen Sie doch einen Teil der Brötchen, die Sie backen wollen, damit aromatischer! Dazu brauchen Sie außer ca. 250 g gegartem Gemüse Teig (wie bei den vorhergehenden Brötchen oder einen der anderen Teige aus dem Brötchen-Kapitel), 2 EL gehackte Petersilie, 1 EL Butter, 1 Eigelb.

Aus einem Teil des Brötchenteigs zentimeterdicke Kreise mit einer Tasse ausstechen, am Rand mit Eigelb bestreichen. Gemüse mit Butterflöckchen und frischer Petersilie verfeinern, auf die Hälfte der Kreise verteilen. Mit den übrigen Teigscheiben abdecken, die Oberfläche mit Eigelb bestreichen, bei 200° ca. 20 Minuten backen. Aus dem restlichen Teig »normale« Brötchen backen.

Brötchen mit Käse-Füllung

500 g Vollkornweizen	1 TL edelsüßes
1 TL Backpulver	Paprikapulver
1 TL Salz	1 EL feingehackter
125 g Doppelrahm-	Schnittlauch
Frischkäse	1 Ei
100 g geriebener Käse	Fett für das Blech

Vom feingemahlenen Weizen 3 EL zum Ausarbeiten zurücklassen, das restliche Mehl mit Backpulver und Salz vermischen. Doppelrahmkäse mit dem geriebenen Käse, eventuell noch etwas Sahne dazufügen, mit Paprika und Schnittlauch würzen. Das mit dem Backpulver vermischte Mehl mit

⅜ l Wasser anrühren, zentimeterdick ausrollen, Scheiben ausstechen, rundum am Rand mit Eiweiß bepinseln. Auf eine Hälfte der Taler Käse geben, je mit einer Teigscheibe abdecken, den Rand gut zusammendrücken. Mit Eigelb bepinseln, falls gewünscht, noch mit Kümmel bestreichen. Auf das gefettete Backblech setzen, bei 200° ca. 20 Minuten backen.

Brötchen mit Quarkcreme-Füllung

½ Paket Sauerteig-Extrakt
und ½ Paket Instant-Hefe,
jeweils aus dem
Reformhaus
500 g Vollkornweizen
1 TL Salz
1 TL Honig
1 Ei

300 g Sahnequark
½ Tasse gemischte
feingehackte frische oder
1 TL gemischte getrocknete
Kräuter
1 kleine Zwiebel
Fett für das Blech

Die Trieb-Zutaten, den feingemahlenen Weizen, ½ TL Salz, den Honig und Eidotter gut mit ⅜ l Wasser verkneten, mit einem Tuch bedeckt bei Zimmertemperatur aufgehen lassen. Dann ausrollen, mit einer Kaffeetasse Kreise ausstechen, an den Rändern mit Eiweiß bestreichen. Den Quark mit Salz, den Kräutern und feingeriebener Zwiebel vermischen, abschmecken, in Häufchen auf der einen Hälfte der Teigtaler verteilen. Mit den restlichen Teigkreisen bedecken. An den Rändern gut zusammendrücken, mit etwas Wasser bestreichen. Auf ein gefettetes Backblech setzen und im Warmen noch 25 Minuten gehen lassen, dann in der auf 200° vorgewärmten Röhre etwa 25 Minuten backen.

Hefeteig-Hörnchen

400 g Vollkornweizen

100 g Vollkornhaferflocken

40 g Hefe

1 EL Honig

1 TL Salz

2 Eigelb

40 g Butter

1 Tasse Milch

1 Eigelb zum Bestreichen

Butter für das Blech

Vom feingemahlenen Weizen 3 EL zum Ausarbeiten des Teigs zurücklassen. Weitere 3 EL Mehl mit der Hefe in 1 Tasse warmem Wasser verrühren, mit einem Tuch bedeckt bei guter Zimmertemperatur 20 Minuten gehen lassen. Dann Honig, Salz, Eigelb, die leicht erwärmte Butter, Milch und noch ca. 1 Tasse Wasser dazurühren, das mit den Haferflocken vermischte Mehl unterkneten. Auf einer bemehlten Arbeitsplatte Teigstücke von 40–50 g zu Quadraten ausrollen. Von einer Spitze her zusammenrollen, die Rollen zu Hörnchen biegen. Auf ein gefettetes Backblech legen, mit Eigelb bepinseln, bei 200° in der vorgeheizten Röhre gut 15 Minuten backen.

Quarkblätterteig-Hörnchen

100 g Butter

200 g Magerquark

300 g Vollkornweizen

1 Ei

½ TL Salz

1 EL Rübensirup

100 g ungeschälte

Sesamsaat

Butterflöckchen mit Quark und dem feingemahlenen Weizen (3 EL zum Ausarbeiten zurücklassen), Ei, Salz und Sirup

gut verkneten. Den Teig mehrmals ausrollen und übereinanderschlagen, dazwischen 30 Minuten in den Kühlschrank
legen. Zuletzt den dünn ausgerollten Teig in Quadrate von
ca. 15 cm zerteilen, mit der in der trockenen Pfanne leicht
angerösteten Sesamsaat bestreuen, von einer Ecke her zusammenrollen. Zu Hörnchen biegen, bei 200° ca. 15 Minuten in der vorgeheizten Röhre backen.

Gefüllte Hörnchen

Ob Hörnchen aus Hefeteig, Blätterteig oder Quarkblätterteig – sie alle können nach Lust und Laune pikant oder süß
gefüllt werden:
Bestreuen Sie die Hörnchen vor oder nach dem Zusammenrollen ganz einfach mit Mohn oder Kümmel, mit frischge-
hackten Kräutern, mit Kürbiskernen. Oder mit beliebigen,
grob- oder feingemahlenen (evtl. leicht angerösteten) Nüssen, oder mit Zimt. Oder mit Rosinen. Oder bestreichen Sie
die Teigstücke oder fertige Hörnchen mit Honig. Auch mit
angerösteten Zwiebeln oder Speck, mit Streifen von gekochtem Schinken, mit feingehackten Sardellen oder Oliven-
scheiben, mit gepreßtem Knoblauch, mit der Pilzmasse vom
Pilzkuchen S. 117, mit ohne Zucker gekochtem Kompott oder
geriebenem Apfel. Aber auch durch den Fleischwolf ge-
drehtes, mit etwas Wein oder Sahne streichfähig gemachtes
Trockenobst eignet sich ideal zum Füllen von Hörnchen.
Wenn Sie es sehr pikant mögen, einfach mit Sojasoße bepinseln oder mit grobgemahlenem Pfeffer bestreuen.

Pikante Bäckereien

Haben Sie Lust auf besonders Herzhaftes? Dann verwöhnen Sie sich und Ihre Familie (warum nicht auch liebe Gäste) mit pikanten Kuchen.

Zunächst einige Worte zu den Zutaten: Fleisch ist, wie die Wissenschaft heute weiß, ganz gewiß nicht nötig – und keinesfalls in dem Maß, wie es heute in unseren Zivilisationsstaaten verbraucht wird. Wer aber darauf aus Gewohnheit nicht verzichten möchte, sollte wenigstens Schweinefleisch wie auch das Fleisch der besonders unnatürlich gehaltenen und gefütterten Kälber und Käfighühner aus dem Küchenzettel streichen. Und weil sich die meisten Schadstoffe konzentriert im Fett finden, sollten Sie möglichst mageres Fleisch verwenden.

Fleisch von unnatürlich gehaltenen und ernährten und deshalb stoffwechselkranken Tieren (und damit besonders das Schlacht-Fett) kann auch dem Menschen nicht guttun! Und wenn Sie das nicht überzeugt, so lassen Sie doch Ihre Feinschmeckerzunge entscheiden! Kosten Sie genüßlich vollkommen mageres, luftgetrocknetes Bündner Fleisch vom Rind von Schweizer Bergalmen, und Sie werden finden, daß sein Aroma von keinem unserer handelsüblichen Schinken erreicht wird. Erfahren Sie den Aromaunterschied zwischen dem ausgesprochen faden, ja oft sogar mit Fremdgeschmack überlagerten Fleisch von Batteriehühnern und dem von Geflügel vom Bauernhof.

Das bedeutet: Sie dürfen in der Küche frei auf dem Bauernhof gehaltenes Geflügel, aber auch Wild, Lamm und Hammel wie auch mageres Rindfleisch verwenden. Doch bedenken Sie, zu reichlicher Fleischgenuß begünstigt Gicht, Rheuma, Nierensteine und andere Stoffwechselkrankheiten.

Auch See- und Süßwasserfische (außer Zuchtforellen) können bedenkenlos verwendet werden, wenn das richtige Verhältnis zur vegetabilen Nahrung gewahrt bleibt.

Eier können verwendet werden, wenn sie aus freilebenden Hühnerbeständen kommen. Von Käfighühnern ist das Ei ebensowenig zu empfehlen wie das Fleisch.

Quark, Butter und Sahne dürfen, Gemüse aller Art müssen bei der pikanten Bäckerei mit von der Partie sein.

Kräuter aller Art, möglichst selbst gezogen und frisch verarbeitet, machen alles aromatischer und sind dazu noch wahre Medizin! Verwenden Sie sie großzügig – auch über die in den Rezepten angegebenen Mengen hinaus! Natürlich sollten Sie in jedem Fall, auch wenn nicht jeweils extra angegeben, Meersalz zum Würzen benützen.

Für Vegetarier ist rein pflanzlicher Brotaufstrich, wie er im Reformhaus oder Naturkostladen in Varianten angeboten wird, mit seinem milden, fleischähnlichen Aroma ein vollwertiger »Ersatz« für alle in unseren Rezepten empfohlenen Fleischzutaten. Wenn Sie ihn mit feingehackten, angebräunten Zwiebeln vermischen, schmeckt er richtig herzhaft. Sie können die pikanten Kuchen und Fladen allesamt statt mit dem jeweils empfohlenen Teig auch mit allen anderen neutralen Brötchen-, Pizza- oder Fladen-Teigen backen. Nehmen Sie die empfohlene Teigmenge jeweils nach dem zweiten Kneten ab. Der restliche Teig wird in der Kastenform oder als Kleingebäck gebacken. Jeder Kuchen reicht für vier Portionen. Mit frischem Salat ergänzt, ergibt er eine vollständige Mahlzeit.

Alle pikanten Kuchen schmecken heiß am köstlichsten. Moste oder herber, mit Sprudel verdünnter Wein oder auch Tee sind die idealen Getränke dazu.

Fränkischer Zwiebelkuchen

40 g Hefe
¼ l Buttermilch
400 g Vollkornweizen
2 Eidotter
½ TL Salz
Butter für die Form
2 EL Vollkornsemmelbrösel

100 g Bündner Fleisch
500 g Zwiebeln
50 g Butter
2 Eier
1 Tasse saure Sahne
1 TL gemahlener Kümmel

Die Hefe in 1 Tasse lauwarmer Buttermilch verrühren. 3 EL vom feingemahlenen Weizen dazugeben, mit einem Tuch bedeckt im Warmen 15 Minuten gehen lassen. Dann das übrige Mehl (2 EL zum Ausrollen zurücklassen), die Eidotter, Salz, die übrige Milch und 1 Tasse Wasser dazukneten. Den Teig zu einem Kloß formen, ca. 30 Minuten aufgehen lassen, dann in die Größe einer weiten Tortenbodenform drücken, dabei einen Rand bilden. Mit den Semmelbröseln bestreuen. Während der Teig noch einmal aufgeht, Fleisch in dünne Streifchen schneiden, die Zwiebeln schälen, hacken, zusammen im Fett in der Pfanne anschmoren, leicht abkühlen lassen. Dann mit den Eiern und Sahne verrühren, mit Kümmel und Salz würzen. Auf den Teig streichen. In der auf 150° vorgewärmten Röhre 30 Minuten backen, dann noch weitere 15 Minuten bei Unterhitze. Heiß zu Bier servieren.

Pariser Zwiebelkuchen

200 g Butter
150 g Vollkornweizen
½ TL Salz
500 g Zwiebeln
2 EL Butter
¼ l Weißwein
1 TL Sojasoße

1 TL Honig
1 TL Curry
1 Prise gemahlener Ingwer
4 EL Crème fraîche
2 Eigelb
1 EL Vollkornmehl

Aus Butterflöckchen, Salz und dem feingemahlenen Weizen schnell einen Teig kneten. Mehrmals ausrollen und wieder zusammenlegen. Den Blätterteig ca. 30 Minuten im Kühlschrank ruhen lassen. Während der Teig im Kühlschrank liegt, die Zwiebeln hacken, im Fett gut durchschmoren. Mit Wein und Sojasoße aufgießen, Honig, Curry, Ingwer dazurühren – das Aroma sollte süß-scharf sein. Die Zwiebelmasse 10 Minuten abkühlen lassen, dann mit der mit Eidottern verquirlten Sahne verrühren. Zuletzt Eiweiß steifschlagen, Vollkornmehl dazurühren, alles unter die Zwiebelmasse heben. Den Teig aus dem Kühlschrank nehmen, noch einmal ausrollen und in eine kalt abgespülte große Form oder auf ein kleines Blech legen, mit der Zwiebelmasse bestreichen und in der auf 250° vorgeheizten Röhre ca. 30 Minuten backen, dann noch 10 Minuten bei Unterhitze.

Parma-Käsekuchen

300 g Vollkornweizen
50 g geriebener
Parmesankäse
100 g Quark
2 EL Backpulver für den
Teig
Fett für die Form

Für den Belag:
¼ l Sahne
250 g geriebener
Parmesankäse
400 g Tomaten
Oregano
frisch gemahlener Pfeffer

Feingemahlenen Weizen sowie die übrigen Teigzutaten verkneten, sehr dünn ausrollen und in eine gefettete Form oder auf ein kleineres Blech legen, mehrmals mit der Gabel einstechen. Die Sahne mit dem Käse vermischen. Tomaten gut waschen, enthäuten und vom Stielansatz befreien, in dünne Scheiben schneiden. Auf den Teig legen, mit Oregano und Pfeffer bestreuen, mit der Sahne-Käse-Masse bestreichen. In der auf 220° vorgeheizten Röhre ca. 30 Minuten backen. Dann auf Unterhitze schalten und weitere 15 Minuten backen.

Quiche Lorraine

200 g Vollkornweizen
100 g Butter
1 Prise Salz
1 Bund Petersilie
150 g gekochter Schinken
¼ l Sahne

1 Prise gemahlene
Muskatnuß
frisch gemahlener Pfeffer
200 g Schnittkäse in
Scheiben

Den feingemahlenen Weizen mit Butter, Salz und 2 EL getrockneter Petersilie verkneten, mehrmals ausrollen und wieder zusammenklappen. 20 Minuten in den Kühlschrank legen, dann ausrollen und in eine kalt ausgespülte große oder mehrere kleine Formen legen, dabei einen Rand bilden.

Mehrmals mit der Gabel einstechen. Sahne mit Eigelb, Muskat und Pfeffer vermischen. Feine Steifen von dem von den Schwarten befreiten Schinken und dem entrindeten Käse untermischen, auf den Teig streichen. In der auf 200° vorgeheizten Röhre 30 Minuten backen, dann noch ca. 10 Minuten auf Unterhitze schalten.

Luzerner Käsewähe

300 g Vollkornroggen	400 g geriebener Käse
50 g Haferflocken	4 Eier
30 g Hefe	¼ l saure Sahne
1 TL Salz	1 große Zwiebel
1 TL Honig	Salz
Fett für die Form	geriebene Muskatnuß
2 EL Vollkorn-Weizenmehl	

Den gemahlenen Roggen mit den Haferflocken vermischen. Hefe mit Salz, Honig und 3 EL vom Getreide in 1 Tasse lauwarmem Wasser verrühren, im Warmen mit einem Tuch bedeckt 15 Minuten gehen lassen. Dann noch ca. 100 g Flüssigkeit zufügen, restliches Getreide unterkneten, noch einmal gehen lassen. Ausrollen und in eine gefettete große Form oder auf ein kleines Blech legen. Mit der Gabel mehrmals einstechen, Rand bilden. Aus dem Weizenmehl, dem geriebenen Käse (am besten ist es, wenn Sie dazu verschiedene Sorten verwenden, auch Reste können benutzt werden!), Eiern, Sahne, der grobgeriebenen Zwiebel, Salz, Muskat eine pikante Masse rühren. Auf den inzwischen unter einem Tuch nochmals aufgegangenen Teig streichen (noch besser ist es, wenn Sie den Teig schon 10 Minuten vorbacken, ehe Sie den Käsebelag daraufgeben!), insgesamt bei 200° in der vorgeheizten Röhre 30 Minuten backen.

Schweizer Quark-Wähe

250 g Vollkornweizen
3 EL Vollkornhaferflocken
1 TL Backpulver
1 TL Honig
Salz
ca. 200 g Milch oder
Buttermilch
Fett für die Form
500 g Quark

1 Tasse Milch
frisch gemahlener weißer
Pfeffer
Oregano
1 Zwiebel
1 Tasse gefüllte Oliven
2 Sardellenfilets
350 g Tomaten

Den feingemahlenen Weizen mit den Haferflocken, Backpulver, Honig, Salz und Milch verkneten. Eine große (oder
mehrere kleine) gefettete Form dünn damit auskleiden,
einen Rand bilden. Den Quark mit der Milch schaumig rühren. Mit Salz, Pfeffer, Oregano, der gehackten Zwiebel, den
in Scheiben geschnittenen Oliven, gehackten Sardellenfilets
sowie den mit kochendem Wasser überbrühten, enthäuteten und gewürfelten Tomaten vermischen, auf den Teig
streichen. In der auf 220° vorgeheizten Röhre 25 Minuten
backen, dann noch 15 Minuten auf Unterhitze, damit der
Teig schön bräunt.

Haferflocken-Käse-Torte

300 g Vollkorn-
Haferflocken
100 g Butter
Salz
1 Bund Schnittlauch
500 g Tomaten
150 g Bündner Fleisch
50 g Vollkornweizen
100 g Frischkäse
200 g Sahnequark

150 g in kleine Würfel
geschnittener beliebiger
Käse
2 Eier
2 EL Vollkorn-Weizenmehl
edelsüßes Paprikapulver
etwas geriebene
Muskatnuß
3 EL Mandelblättchen

Die Haferflocken mit Butter, Salz, dem kleingehackten
Schnittlauch und, falls nötig, noch etwas Wasser verkneten,
eine große oder mehrere kleine Formen dünn damit auslegen, dabei jeweils einen Rand bilden. Mit dünnen Scheiben
von gewaschenen Tomaten und Fleischstreifen belegen, in
der auf 200° vorgeheizten Röhre 15 Minuten backen. Inzwischen den Frischkäse, Sahnequark, den Käse, Eier sowie das
Mehl verrühren, pikant mit Salz, Paprika und Muskat abschmecken, auf den vorgebackenen Teig streichen. Mit
Mandelblättern bestreuen und weitere 20 Minuten backen.

Lauchkuchen

250 g Vollkornweizen
100 g Sojaflocken
1 Eigelb
300 g Buttermilch
30 g Hefe
Salz
50 g Butter

800 g Lauch
200 g gekochter Schinken
½ Zitrone
1 Prise Muskat
2 Eier
100 g Sahne
Fett für die Form

Den feingemahlenen Weizen mit den Sojaflocken vermischen, 3 EL für den Belag und 3 EL zum Ausrollen abnehmen, 1 Tasse lauwarme Buttermilch, 2 EL Mehl, ½ TL Salz und die Hefe verrühren, mit einem Tuch bedeckt im Warmen 15 Minuten aufgehen lassen. Dann das restliche Getreide und die Milch und Eigelb sowie 1 Prise Salz unterkneten. Den Teig noch einmal 20 Minuten gehen lassen. Inzwischen in der erhitzten Butter die hellen, in Ringe geschnittenen Teile vom Lauch anschmoren. Leicht abkühlen lassen, dann den feingewürfelten Schinken dazugeben. Zitronensaft, Muskat, die Eier und Sahne verquirlen, die 3 EL übriggelassenes Mehl dazurühren, mit Salz nachschmecken. Den Teig dünn ausrollen, eine große oder mehrere kleine gefettete Formen damit auskleiden, mehrmals einstechen, noch einmal 20 Minuten gehen lassen. Dann die Lauchmasse daraufstreichen, bei 200° 30 Minuten backen, dann noch weitere 10 Minuten auf Unterhitze stellen.

Speckkuchen

Hier wird ausnahmsweise doch einmal Schweinefleisch verwendet.

250 g Vollkornroggen und	2 große Zwiebeln
100 g Vollkornweizen	1 TL Majoran
350 g rohen Schweine-	40 g Hefe
bauch	1 TL Salz
	1 EL Kümmel

Roggen und Weizen fein mahlen. Den Speck durch die grobe Scheibe des Fleischwolfs drehen, in der Pfanne mit Majoran ausbraten. Dann 2 EL vom heißen Speckfett in eine andere Pfanne geben, die feingewürfelten Zwiebeln darin anschmoren. Aus Hefe, 1 Tasse lauwarmem Wasser und 3 EL Mehl einen Vorteig rühren, mit einem Tuch bedeckt im Warmen 15 Minuten aufgehen lassen. Dann das übrige Mehl, Salz, die angeschmorten Zwiebeln und $\frac{1}{4}$ l Wasser dazukneten. Zu einem Kloß formen, im Warmen noch 20 Minuten gehen lassen. Den Teig dünn ausrollen, auf das mit Speckfett bestrichene Backblech legen. Die gebratenen Speckstücke auf einem Sieb abtropfen lassen, auf dem Kuchen verteilen. Mit Kümmel bestreuen, salzen und in der auf 200° vorgeheizten Röhre je nach Dicke 20–25 Minuten backken.

Westerwälder Speckkuchen

300 g Vollkornweizen
½ Tasse Buttermilch
1 TL Salz
1 TL Honig
30 g Hefe
2 Eier

⅛ Tasse saure Sahne
1 Stange Lauch
100 g Bündner Fleisch
2 säuerliche Äpfel
Fett für die Form

Vom feingemahlenen Weizen 3 EL zurücklassen. 1 Tasse lauwarmes Wasser mit 2 EL Mehl, Salz, Honig und der Hefe verrühren, im Warmen 15 Minuten unter einem Tuch aufgehen
lassen. Dann die Buttermilch dazugießen, das übrige Mehl
dazukneten. Den Teig noch einmal gehen lassen, dann ausrollen, auf ein kleines gefettetes Blech oder in eine große
Form legen. Während der Teig noch einmal geht, die Eier mit
der sauren Sahne verquirlen. Das Weiße vom Lauch in Ringe,
das Fleisch in winzige Würfel schneiden. Die Äpfel schälen,
grob raspeln, alles vermischen, salzen, auf den Teig streichen. Bei 220° in der vorgeheizten Röhre 25 Minuten bakken, dann noch 10 Minuten bei Unterhitze bräunen lassen.

Stuttgarter Kümmel-Kuchen

30 g Hefe
1 Tasse Milch
1 TL Honig
Salz
500 g Sechskornmischung

100 g Butter
Fett für die Form
¼ l saure Sahne
3 Eier
2 EL Kümmel

Die Hefe in ½ Tasse erwärmter Milch mit Honig und 3 EL feingemahlenem Korn verrühren, mit einem Tuch bedeckt 15
Minuten gehen lassen. Dann das restliche mit Salz vermisch-

te Mehl und 50 g in Flöckchen zerteilte Butter dazukneten. Noch einmal 15 Minuten aufgehen lassen, dann sehr dünn ausrollen. Auf das gefettete Backblech legen. Weitere 15 Minuten gehen lassen. Saure Sahne mit den Eiern verquirlen, Kümmel unterrühren, mit Salz abschmecken, die Masse auf den Teig streichen. In der auf 200° vorgeheizten Röhre in gut 20 Minuten backen und noch warm zu Salat reichen.

Pilz-Kuchen

300 g Dreikorn
⅛ l Buttermilch
30 g Hefe
1 Ei
1 große Zwiebel
2 EL Butter
500 g beliebige Pilze
Salz
50 g Quark

50 g Hirseflocken
200 g saure Sahne
1 EL gehackte Petersilie
1 EL Zitronensaft
Salz (nach Belieben Knoblauchsalz)
frisch gemahlener schwarzer Pfeffer
Fett für die Form

Vom feingemahlenen Dreikorn 3 EL zum Ausarbeiten zurücklassen. 3 weitere EL mit je ½ Tasse lauwarmem Wasser und Buttermilch sowie der Hefe verrühren, mit einem Tuch bedeckt 15 Minuten im Warmen gehen lassen. Inzwischen die Zwiebel in der Butter anschmoren. Die Pilze vorbereiten, dazugeben und kurz mitdünsten. Erkalten lassen. Das übrige Getreide, ½ TL Salz, Quark und Hirseflocken zur Hefemilch kneten, weitere 20 Minuten gehen lassen. Dann auf der bemehlten Arbeitsplatte ausrollen, in eine gefettete Form legen, dabei einen Rand bilden. Während der Teig noch einmal geht, saure Sahne, Petersilie, Zitronensaft und das Ei zu den Pilzen geben, mit Salz und Pfeffer würzen. Auf dem Teig verteilen, bei 220° in ca. 20 Minuten backen.

Käsetörtchen

100 g Butter
200 g Vollkornweizen
150 g Quark
100 g geriebener Käse
2 Eigelb

1 kleine Prise geriebene
Muskatnuß
50 g Crème fraîche
Salz
edelsüßes Paprikapulver

Butter mit dem feingemahlenen Weizen verkneten. Mehrmals ausrollen und übereinanderschlagen, dann ½ Stunde in den Kühlschrank stellen. Kalt ausgespülte Tortelett-Förmchen mit dem dünn ausgerollten Teig auskleiden, dabei einen Rand bilden. Alle übrigen Zutaten zu einer pikanten Masse verrühren, mit Salz und Paprika abschmecken. Auf die Törtchen verteilen, in der auf 200° vorgeheizten Röhre ca. 15–20 Minuten backen.

Pikante Strudel

Sie schmecken warm als Hauptmahlzeit, mit Salat gereicht, ganz besonders lecker, können aber auch kalt serviert werden.

Pilzstrudel

250 g Vollkornweizen	2 EL Räucherspeck
1 Ei	2 EL gehackte Petersilie
Salz	1 große Zwiebel
2 TL Öl	2 EL Zitronensaft
500 g Champignons	2 EL Sojasoße

Aus 200 g feingemahlenem Weizen, Ei, 1 Prise Salz und dem Öl und ca. 1 Tasse Wasser Strudelteig kneten, wie im obigen Rezept ausrollen. Pilze vorbereiten, grob hacken. Den Speck fein würfeln, in einer Pfanne ausbraten. Petersilie und feingeschnittene Zwiebel dazugeben, mitschmoren, dann die Pilze, Zitronensaft und Sojasoße dazugeben, ca. 10 Minuten unter Umrühren durchdünsten. Dann 1 EL Mehl einrühren, mit Salz abschmecken. Auf den Strudelteig streichen, den Strudel mit Hilfe des Handtuchs zusammenrollen, mit Milch, Sahne oder verquirltem Eigelb bestreichen und in der auf 200° vorgeheizten Röhre 30 Minuten backen.

Quarkstrudel

250 g Vollkornweizen
1 Prise Salz
1 TL Backpulver
500 g Magerquark
100 g Streifen von
gekochtem Schinken

3 EL gemischte gehackte
frische Kräuter oder
1 TL getrocknete gemischte
Kräuter
Paprikapulver
1 Prise gemahlene
Muskatnuß
2 EL Butter

Vom feingemahlenen Weizen 3 EL zurücklassen. Den übrigen mit Öl, gut 1 Tasse lauwarmem Wasser, Salz und Backpulver verkneten, sehr dünn ausrollen, dann auf einem sauberen Küchentuch von allen Seiten vorsichtig ausziehen. Er soll so dünn sein, daß man, wie ein Wiener Meisterkoch einst empfahl, die Zeitung durch ihn lesen kann, darf aber an keiner Stelle einreißen.

Den Quark mit etwas Wasser (oder Sahne, Joghurt, saurer Sahne oder Milch) glattrühren. Schinkenstreifen, 1 EL Mehl und Kräuter untermischen, mit Paprika, Muskat und Salz abschmecken. Auf den Strudelteig streichen. Den Teig mit Hilfe des Handtuchs von der Längsseite her zusammenrollen. Auf das gefettete Blech legen und in der auf 200° erhitzten Röhre in ca. 35 Minuten backen. Noch heiß mit erwärmter Butter bepinseln, nach Belieben noch mit Paprikapulver bestreuen.

Kohlstrudel

250 g Vollkornweizen
2 Eier
Salz
2 EL Butter
1 Tasse Milch für den Teig
700 g Weißkohl
50 g Butter

Salz
Kümmel
Pfeffer
1 Apfel
3 EL Weißwein für die
Füllung

Aus dem feingemahlenen Mehl, den Eiern, Salz, flüssiger
Butter und Milch einen feinen Strudelteig kneten, ausziehen, wie beim Quarkstrudel beschrieben. Etwas trocknen
lassen. Indessen den vorbereiteten Weißkohl in feine Streifchen schneiden, in der Butter gut durchschmoren. Mit Salz,
Pfeffer und Kümmel würzen. Den geschälten, in Scheibchen
geschnittenen Apfel und Wein dazugeben und den Kohl bei
kleiner Hitze im bedeckten Topf noch ca. 10 Minuten schmoren, mit 1 EL Mehl binden. Dann auf dem Strudelteig verteilen. Den Strudel zusammenrollen, auf ein gefettetes Blech
legen und bei 200° ca. 30 Minuten backen.

Zwiebelstrudel

Teig wie bei Kohlstrudel
50 g Butter
2 EL Bündner Fleisch
700 g Zwiebeln
1 Tasse Weißwein

etwas Salbei und Rosmarin
1 Prise Currypulver
4 EL Crème fraîche
Salz, Pfeffer

Während der nach vorigem Rezept bereitete und ausgezogene Strudelteig ruht, die Butter erhitzen. Feine Streifen von Bündner Fleisch und Zwiebelringe darin anschmoren, aber keinesfalls bräunen lassen. Mit dem Wein aufgießen, die Gewürze dazugeben. Im bedeckten Topf bei kleiner Hitze 15 Minuten garen. Dann abschmecken, auf den Strudelteig streichen und wie oben backen.

Pikante Knabbereien

Herzhafte Kekse

150 g Butter
2 Eier
350 g Vollkornweizen

½ TL Salz
½ TL gemahlener Kümmel
Fett für die Form

Butter mit den Eiern, dem feingemahlenen Weizen (3 EL zum Ausrollen zurücklassen), 1 Tasse Wasser, Salz und Kümmel verkneten. 20 Minuten im Kühlschrank ruhen lassen. Dann den Teig ausrollen. Auf ein gefettetes Blech legen und in der auf 180° vorgeheizten Röhre gut 10 Minuten backen. Noch heiß in Rechtecke schneiden und vom Blech nehmen.

Sesam-Kekse

125 g Butter
1 Ei
150 g Vollkornweizen

200 g Sesam
½ TL Salz
etwas Zwiebelsalz

Butter mit dem Ei und feingemahlenem Weizen sowie ca. 100 g Sesam, Salz und Zwiebelsalz verkneten. Eine Rolle formen, in Folie gewickelt ca. ½ Stunde in den Kühlschrank legen. Dann die Rolle in ½ cm dicke Scheiben schneiden, auf beiden Seiten in den restlichen Sesam drücken. Auf das gefettete Backblech legen und in der auf 180° vorgeheizten Röhre gut 10 Minuten backen.

Haferflocken-Knabberle

175 g Vollkornhaferflocken
150 g Vollkornweizen
1 TL Backpulver
Salz
etwas gemahlener Kümmel

Fenchel- und Paprikapulver
⅛ l Buttermilch
3 Eier
Butter für die Form

Haferflocken und den feingemahlenen Weizen mit Salz, Kümmel, Fenchel, Paprika und Backpulver gut vermischen. Buttermilch mit den Eiern verrühren, das Getreide dazukneten. Buttermilch mit den Eiern verrühren, das Getreide dazukneten. Dünn ausrollen und auf ein gefettetes Blech legen, bei 180° in der vorgeheizten Röhre in gut 10 Minuten schön knusprig backen, eventuell noch mit erwärmter Butter bestreichen.

Hirse-Kekse

300 g Hirseflocken
500 g Vollkornweizen
50 g Butter
2 Eier
¼ l Milch

1 TL Backpulver
etwas Majoran
etwas Knoblauchsalz
Fett für die Form

Die Hirseflocken mit dem feingemahlenen Weizen und dem Backpulver vermischen. Die Butter leicht erwärmen, mit Eiern, der Milch, Majoran und Knoblauchsalz schaumig schlagen, langsam die Getreidemischung untermischen, einen Kloß formen und 1 Stunde in den Kühlschrank stellen, dann ausrollen, ausstechen. Flache Plätzchen auf ein gefettetes Blech legen, bei 180° in der vorgeheizten Röhre gut 10 Minuten backen.

Kümmel-Brezchen

250 g Vollkornweizen
75 g Butter
6 EL Milch oder Joghurt
2 Eidotter

1 Prise Salz
1 TL Backpulver
Kümmel zum Bestreuen
Butter für das Blech

Vom feingemahlenen Weizen 3 EL zum Ausarbeiten zurücklassen. Das übrige Mehl mit Butter, Milch oder Joghurt, 1 Eidotter, Salz und Backpulver verkneten. Zu kleinen Stangen ausrollen, dann zu Brezeln formen, mit Eigelb bestreichen, mit Kümmel bestreuen und in der auf 180° vorgeheizten Röhre auf dem gefetteten Backblech in ca. 12 Minuten goldbraun backen.

Mohn-Brezeln

ebenso bereiten, jedoch mit Mohn statt mit Kümmel bestreuen.

Käseblätterteig-Gebäck

150 g Butter
150 g Vollkornweizen
1 Prise Salz
150 g geriebener Käse
Saft von ½ Zitrone

2 Eigelb
geriebene Muskatnuß
edelsüßes Paprikapulver
Fett für das Blech

Butter, feingemahlenen Weizen, Salz, Käse, Zitronensaft und 1 Eigelb verkneten, ausrollen, übereinanderschlagen. Kalt stellen und wieder ausrollen und zusammenlegen. Diesen Vorgang noch zweimal wiederholen, dann den Teig messerrückendick ausrollen und zu Stängchen oder Spiralen drehen oder Kekse oder Ringe ausschneiden. Mit Eigelb bepinseln, auf dem mit kaltem Wasser abgespülten Blech in der auf 160° vorgeheizten Röhre gut 12 Minuten backen.

Knusper-Mandeln

Teig wie für das Käse-   *ca. 200 g Mandeln*
Blätterteig-Gebäck

Den Teig wie im vorigen Rezept bereiten. Nach dem Ausrollen kleine Quadrate ausschneiden und Hälften von geschälten Mandeln daraufdrücken, ca. 12 Minuten auf dem mit kaltem Wasser abgespülten Blech bei 160° backen.

Quark-Plätzchen

Teig wie für das Käse-   *1 EL feingeriebene Zwiebel*
blätterteiggebäck   *etwas Knoblauchsalz*
dazu 125 g Quark   *edelsüßes Paprikapulver*
1 Ei   *1 EL feingehackte Petersilie*
Salz   *Eigelb*

Käseblätterteig zubereiten und ausrollen wie im Grundrezept S. 125. Quadrate von ca. 6×6 cm ausschneiden. Aus Quark, Salz, Ei, Zwiebel, Knoblauchsalz und Paprikapulver eine pikante Masse rühren, in Häufchen in die Mitte der Blätterteigstücke geben. Die Quadrate zusammenfalten, mit verquirltem Eigelb bepinseln. Auf dem mit kaltem Wasser abgespülten Backblech bei 160° ca. 15 Minuten backen.

Süßes Kleingebäck

Mürbeteig-Mandelringe

100 g Butter	1 Prise Salz
80 g Honig	1 Eigelb
125 g Vollkornweizen	150 g gestiftelte Mandeln
125 g Vollkornhaferflocken	4 EL Honig
1 TL Backpulver	Fett für das Blech

Aus Butter, Honig, dem feingemahlenen Weizen und den mit Backpulver und Salz vermischten Haferflocken Teig kneten, messerrückendick ausrollen. Kreise von ca. 10 cm Durchmesser ausstechen, in deren Mitte kleine Löcher ausstechen. Die Ringe mit Eigelb bestreichen und dick mit gestiftelten Mandeln bestreuen. Vorsichtig auf das gefettete Backblech legen. In der auf 180° vorgeheizten Röhre ca. 12 Minuten backen, noch heiß mit leicht erwärmtem Honig bestreichen.

Bauern-Krapfen

125 g Honig
3 Eier
2 EL Rum oder
Kirschwasser
150 g geriebene Mandeln

1 naturreine Zitrone
1 TL Zimt
200 g Vollkornweizen
1 TL Backpulver
Fett für das Blech

Den leicht erwärmten Honig mit den Eiern und Spirituosen schaumig rühren. Die Mandeln in der Pfanne leicht anrösten. Mit der abgeriebenen Zitronenschale und dem feingemahlenen Weizen sowie dem Backpulver gut vermischen. Häufchen von ca. 5 cm Durchmesser auf ein gefettetes Blech setzen, in der auf 180° vorgeheizten Röhre gut 15 Minuten backen.

Biskuit-Krapfen

125 g Honig
Mark von ½ Vanillestange
5 Eier
125 g Vollkornweizen
50 g Vollkornhaferflocken

ca. 250 g ohne Zucker
gekochtes, gut abgetropftes
Kompott
3 EL Haferflocken für das
Blech

Aus 50 g Honig, Vanillemark und Eidottern eine schaumige Masse rühren. Dann den feingemahlenen Weizen, die in der trockenen Pfanne leicht angerösteten Haferflocken und das steifgeschlagene Eiweiß untermischen. Den Teig mit dem Spritzbeutel mit großer Tülle in großen Klecksen nicht zu dicht nebeneinander auf das mit Haferflocken bestreute Backblech spritzen. Jeweils mit dem Teelöffel in die Mitte eine kleine Vertiefung drücken, etwas Honig hineinträufeln. Mit dem abgetropften Kompott füllen. In der auf 180° vorgeheizten Röhre je nach Größe in ca. 20 Minuten backen.

Karlsbader Mandel-Blätterteigtaschen

150 g Butter	2 EL Honig
125 g Vollkornweizen	50 g Mandelblättchen
75 g gemahlene Mandeln	1 Eigelb
50 g Rosinen	

Butterflöckchen, feingemahlenen Weizen und gemahlene Mandeln schnell verkneten. Mehrmals dünn ausrollen und immer wieder übereinanderschlagen. Im Kühlschrank ca. 1 Stunde ruhen lassen, dann nochmals ausrollen, zusammenlegen und wieder ausrollen. Quadrate von ca. 15 cm Seitenlänge ausschneiden. Die Rosinen mit Honig sowie den Mandelblättchen vermischen, jeweils einen kleinen Klecks in die Mitte des Teigs geben. Den Teig von den Ecken hin zur Mitte klappen, die Ecken mit etwas Eigelb zusammenkleben. Mit Eigelb bepinseln und in der auf 180° vorgeheizten Röhre knapp 15 Minuten backen.

Maultaschen

40 g Hefe
¼ l Milch
50 g Butter
400 g Vollkornweizen
1 Ei
1 EL Honig
1 Prise Salz

ca. 300 g abgetropftes,
ohne Zucker bereitetes
Kompott
Honig nach Geschmack
1 Eigelb
Fett für das Blech

Die Hefe in 1 Tasse leicht erwärmter Milch anrühren, mit 3 EL feingemahlenem Weizen unter einem Tuch im Warmen 15 Minuten aufgehen lassen. Dann die übrige Milch, die leicht erwärmte Butter, das restliche Mehl (ca. 3 EL zum Ausrollen zurücklassen), Ei, Honig und Salz dazukneten. Den Teig noch einmal 20 Minuten gehen lassen, dann dünn ausrollen. Zu Quadraten von ca. 15 cm Seitenlänge schneiden, jeweils in die Mitte das mit Honig gesüßte Obst (oder geraspelte, mit Honig beträufelte rohe Äpfel) geben. Die Teigränder mit Eigelb bestreichen, den Teig zu Rechtecken zusammenklappen. Die Ränder gut zusammendrücken, an einer Längsseite mit dem Messer nebeneinander Einschnitte von ca. 1 cm machen, damit der Rand appetitlich gezackt ist. Nun die Rechtecke an den Enden leicht biegen. Den Honig mit dem Eigelb verrühren, die Maultaschen damit bepinseln. Auf das gefettete Backblech legen und in der auf 180° vorgeheizten Röhre in 15–20 Minuten goldgelb backen.

Honigbrezeln

40 g Hefe
300 g Vollkornweizen
150 g ungeschälte
Sesamsaat
100 g Honig
2 EL Sahne

1 Prise Salz
¼ l Milch
3 Eier
1 EL Rum
4 EL Mandelblättchen
Butter für das Blech

Die Hefe mit 1 Tasse lauwarmem Wasser und 3 EL feingemahlenem Weizen verrühren, im Warmen mit einem Tuch bedeckt 15 Minuten aufgehen lassen. Inzwischen den Sesam in einer trockenen Pfanne leicht anrösten. Das restliche Mehl, ca. 100 g Sesam, 1 EL Honig, die Sahne, Salz, Milch, Eier und Rum zu der Hefemilch kneten, noch einmal aufgehen lassen. Dann Stücke von Brötchengröße abnehmen, zu Rollen formen und in den restlichen Sesam drücken. Zu Brezeln zusammenlegen. Auf dem gefetteten Backblech unter einem Tuch weitere 20 Minuten gehen lassen, danach in der auf 180° vorgeheizten Röhre je nach Dicke in gut 15 Minuten backen. Noch heiß mit Honig bepinseln und mit Mandeln bestreuen.

Blätterteig-Tütchen

2 Eier
5 EL Honig
4 EL Weißwein
½ naturreine Zitrone
½ TL Zimt

300 g Vollkornweizen
250 g Butter
100 g Quark
100 g Sahne
Himbeeren oder Erdbeeren

Die Eier mit 3 EL Honig, Wein, dem Zitronensaft, 1 EL abgeriebener Zitronenschale sowie dem Zimt sehr schaumig rühren. Nach und nach den feingemahlenen Weizen (4 EL zum Ausrollen zurücklassen) einkneten. Dann flöckchenweise das Fett dazugeben. Den Teig ausrollen, zusammenlegen. Diesen Vorgang mehrmals wiederholen, dann den Teig eine Stunde im Kühlschrank ruhen lassen. Dünn ausrollen, zu Vier- oder Rechtecken schneiden und vorsichtig zu Tütchen rollen (wenn sie besonders schön werden sollen: Tüten aus Zeichenpapier formen, den Teig darumlegen). Vorsichtig auf das kalt abgespülte Backblech legen und in der auf 180° vorgeheizten Röhre ca. 12 Minuten backen. Nach dem Abkühlen mit einer Mischung aus Quark, steifgeschlagener Sahne, dem übrigen Honig und kleingeschnittenen Früchten (eventuell auch ungeschwefelten, mit Rum beträufelten Rosinen) füllen.

Gedrehter Blätterteig

Teig wie im vorigen Rezept bereiten und ausrollen. Zu Streifen von ca. 2 cm Breite und 12 cm Länge schneiden, leicht spiralig einrollen. Auf das kalt abgespülte Backblech legen und in der auf 180° vorgeheizten Röhre 12 Minuten backen. Dick mit einer Mischung aus Honig und Zitronensaft bepinseln.

Mohrenköpfe

125 g Honig
1 Vanillestange
5 Eier
200 g Vollkornweizen

1 TL Backpulver
¼ l Sahne
2 EL Kakao
Butter für das Blech

50 g Honig mit dem Mark von ½ Vanillestange, 4 EL warmem Wasser und dem Eidotter schaumig rühren. Feingemahlenen Weizen mit Backpulver vermischen und löffelweise unterschlagen. Zuletzt das steifgeschlagene Eiweiß unterheben. Aus dem Teig runde Häufchen mit zwei Eßlöffeln auf das gefettete Backblech setzen, in der auf 180° vorgeheizten Röhre gut 15 Minuten backen. 3 EL Honig mit dem Kakao verrühren, die Mohrenköpfe damit dick glasieren. Nach dem Erkalten die Mohrenköpfe aufschneiden. Mit der mit dem übrigen Honig und Vanillemark steifgeschlagenen Sahne füllen.

Pommersche Aufläufer

150 g Butter
6 Eier
125 g Honig
1 Prise Muskatblüte
abgeriebene Schale von
½ naturreiner Zitrone

1 Prise Ingwer
150 g Vollkornweizen
50 g Vollkornhirseflocken
50 g Vollkornhaferflocken
Fett für das Blech
Früchte nach Belieben

Die leicht erwärmte Butter mit Honig, den Eidottern, Muskat und Zitronenschale schaumig schlagen. ¼ l Wasser und feingemahlenen Weizen, Hirse- und Haferflocken einarbeiten. Auf das gefettete Backblech mit dem Eßlöffel Häufchen vom Teig geben. In jedes Häufchen eine Aprikosenhälfte, halbierte Zwetschgen, Himbeeren, Erdbeeren oder Brombeeren drücken. In der auf 160° vorgeheizten Röhre ca. 25 Minuten backen.

Kolatschen mit Fruchtfüllung

400 g Vollkornweizen
400 g Milch
40 g Hefe
2 EL Honig
1 TL Zimt
1 TL Salz
80 g Butter

250 g feines Obst wie
Erdbeeren, Himbeeren,
Johannisbeeren, Pfirsiche,
Aprikosen
Honig nach Geschmack
2 Eidotter
2 EL gehackte Nüsse

Vom feingemahlenen Weizen 4 EL zum Ausarbeiten zurücklassen. Den übrigen Weizen mit der mit Hefe, Honig, Zimt und Salz verrührten Milch gut durchrühren. Aufgehen lassen, dann noch einmal sehr gut kneten und mit einem Tuch bedeckt nochmals gehen lassen. Kurz kneten, dann brötchengroße Stücke abnehmen. Eine runde oder Kastenform dick ausbuttern, die Hälfte der Teigstücke hineinlegen. Mit dem vorbereiteten, kleingeschnittenen, mit Honig, 1 Eidotter und den Nüssen vermischten Obst bestreichen, mit dem übrigen Teig bedecken. Mit dem zweiten Eidotter bepinseln. Mit einem Tuch bedeckt noch einmal 20 Minuten gehen lassen, in der auf 200° vorgeheizten Röhre gut 25 Minuten bakken, dann auf Unterhitze stellen und weitere 10 Minuten backen. So bleibt die Füllung schön saftig.

Mandel-Kolatschen

Teig wie im vorigen Rezept
125 g Mandelblättchen
3 EL Rosinen
2 EL Rum

3 EL Honig
Mark von ½ Vanilleschote
1 Eigelb

Den Teig wie im vorigen Rezept bereiten, Kolatschen formen. In eine große gebutterte Form legen. Mandelblättchen mit den Rosinen, Rum, Honig und Vanillemark verrühren, daraufstreuen. Noch 15 Minuten im Warmen gehen lassen, bei 180° 25 Minuten backen.

Windbeutel

½ l Milch
1 Vanillestange
125 g Butter
1 Prise Salz
200 g Vollkornweizen
6 Eier

200 g Sahne
Honig nach Geschmack
zerkleinertes frisches Obst
oder abgetropftes, ohne
Zucker bereitetes Kompott
Vollkornmehl für das Blech

Die Milch mit der aufgeschlitzten Vanillestange kochen. Dann die Vanillestange herausnehmen. Butter, 2 EL Honig und Salz einrühren und aufkochen. Dann auf einmal den feingemahlenen Weizen und 3 Eier dazurühren, unter Rühren kochen, bis sich die Masse vom Topf löst. In die abgekühlte Masse die übrigen mit 4 EL Sahne verquirlten Eier einrühren. Mit dem in Wasser getauchten Eßlöffel walnußgroße Stücke vom Teig abstechen und in nicht zu kleinen Abständen auf das bemehlte Blech setzen. In der auf 200° vorgeheizten Röhre 12 Minuten backen, noch heiß mit Honig bepinseln und aufschneiden. Die erkalteten Windbeutel mit der steifgeschlagenen, mit Honig gesüßten und mit Kompott oder Früchten vermischten Sahne füllen, sofort servieren.

Vollkorn-Kuchen

Auch wenn unsere Kuchen noch so köstlich schmecken und nichts als wirklich natürliche Zutaten enthalten: Wir bringen sie nur an Sonn- und Feiertagen auf den Tisch. Denn eine der Regeln, die bei natürlicher Ernährung ganz besonders beachtet werden sollte, lautet: Nur Maßhalten hält gesund und nur bei Hunger essen ist natürlich! Und Kuchen sind, auch wenn sie nur das Allerbeste für den Organismus enthalten, eben doch besonders nährstoffreich.

Sie haben sich mit den Grundsätzen vorbildlicher biologischer Ernährung beschäftigt, wissen, daß Kohlenhydrate an sich weder krank noch dick machen, wie man uns lange glauben machen wollte: Nur »raffiniert«, das heißt, chemisch gedüngt, gespritzt und zu fein ausgemahlen dürfen sie nicht sein.

Sie wissen, daß nur raffinierte, also gehärtete Fette, wie verschiedene Margarinesorten und Schlachtfett, dem Körper schaden, daß Butter, Sahne und kaltgepreßte Öle sowie die guten Reformmargarinesorten dagegen unentbehrlich für eine ausgewogene Versorgung des Körpers sind.

Und in Fleisch und Blut ist es Ihnen schon übergegangen, daß Zucker immer und auf jeden Fall zu meiden ist. Honig, aber auch Ahornsirup, Birnendicksaft, Trockenobst und anderes ersetzen ihn voll und ganz.

All das wird natürlich beim Kuchenbacken beachtet. Sehen Sie sich deshalb unsere folgenden Rezepte für leckere Kuchen an, versüßen Sie sich Festtage, was übrig bleibt, kommt in die Tiefkühltruhe. Bei Bedarf wieder aufgetaut schmeckt es wie frisch.

Aniskuchen

125 g Honig	1 TL Backpulver
6 Eier	½ naturreine Apfelsine
25 g Anis	1 TL Butter
250 g Vollkornweizen	1 EL Vollkornsemmelbrösel

Den Honig leicht erwärmen, mit den Eidottern schaumig schlagen. Mit dem feingemahlenen Weizen (2 EL zum Ausarbeiten zurücklassen) und der abgeriebenen Apfelsinenschale vermischen. Den Teig zu einer Rolle von ca. 25 cm Länge formen, in die gebutterte, mit Bröseln ausgestreute Kastenform legen. In der auf 200° vorgeheizten Röhre in einer knappen Stunde hellbraun backen.

Blechkuchen mit Variationen

30 g Hefe	250 g Vollkornweizen
¼ l Milch	100 g Sesamsaat
125 g Butter	5 EL Honig
3 Eier	1 EL Kirschwasser
½ TL Salz	100 g Mandelblättchen
½ naturreine Zitrone	Fett für das Blech

Die Hefe mit ½ Tasse leicht angewärmter Milch und 3 EL feingemahlenem Weizen verrühren. An einem warmen Ort mit
einem Tuch bedeckt 10 Minuten aufgehen lassen. Dann 2 EL
leicht erwärmte Butter, die Eier, Salz, abgeriebene Zitronenschale, Zitronensaft, den gemahlenen Weizen und den
(eventuell in der Pfanne leicht angerösteten) Sesam sowie
1 EL Honig unterkneten. Den Teig auf Blechgröße ausrollen,
auf das gut gefettete Blech legen. Mit einem Tuch bedeckt
bei Zimmertemperatur noch ca. 15 Minuten aufgehen lassen. Inzwischen die restliche Butter mit dem Honig erwärmen, mit den Mandeln verrühren. Auf den Teig streichen.
Den Kuchen in der auf 180° vorgeheizten Röhre je nach
Dicke 35–45 Minuten backen.

Variationen für den Belag:

★ 3 Eidotter, 100 g Rosinen, 50 g gehackte Mandeln, 2 EL Honig, 1 TL Zimt und 1 TL abgeriebene Schale von einer na-
turreinen Zitrone verrühren, das steifgeschlagene Eiweiß
unterheben. Auf den ca. 25 Minuten vorgebackenen Teig
streichen, noch ca. 10–15 Minuten mitbacken.

★ Auch hier am besten Teig vorbacken! 50 g erwärmte Butter, ⅛ l Sahne, 50 g erwärmten Honig, 50 g gehackte Mandeln, 100 g kleingeschnittene Aprikosen für den Belag verrühren. Noch 15–20 Minuten backen.

★ 150 g Datteln ohne Kern durch den Fleischwolf mit grober Scheibe drehen. Mit 1 Tasse Milch oder Sahne, 2 EL feingemahlenem Weizen, 1 Eigelb, 1 EL Kirschwasser und dem steifgeschlagenen Eiweiß vermischen.

★ 125 g gemahlenen Mohn mit ⅛ l Sahne, 4 EL Honig, ½ TL Zimt und 2 EL Zitronensaft vermischen, mitbacken.

Brioche

400 g Vollkornweizen	*4 Eier*
40 g Hefe	*125 g Butter*
1 EL Honig	*1 winzige Prise Kardamom*
2 EL Sahne	*2 EL Vollkornbrösel*
½ TL Salz	*1 Eigelb*

Vom feingemahlenen Weizen 2 EL zum Ausarbeiten zurücklassen. Die Hefe mit 1 Tasse lauwarmem Wasser und 3 EL Mehl verrühren, 20 Minuten bedeckt gehen lassen. Nach und nach das übrige Mehl, Honig, Sahne, Salz, 3 Eidotter, 1 ganzes Ei, Kardamom und 100 g Butter einarbeiten. Den Teig mit einem Tuch bedeckt im Warmen weitere 15 Minuten gehen lassen, dann noch einmal durchkneten. Teig zu einem länglichen Laib formen, in eine gefettete, mit Bröseln ausgestreute Kastenform legen. Mit verquirltem Eigelb bestreichen und mit einem Löffelstiel schräge Einkerbungen in die Teigoberfläche drücken. Bei guter Zimmertemperatur mit einem Tuch bedeckt noch 15 Minuten ruhen lassen, dann in der auf 200° vorgeheizten Röhre knapp 1 Stunde backen.

Brötchen-Kuchen

8 alte Vollkornbrötchen
(Resteverwertung!)
¼ l saure Sahne
60 g Butter
3 EL Honig
½ Tasse Birnendicksaft

5 Eier
50 g geriebene Mandeln
3 gehackte Bittermandeln
Fett und Vollkornsemmel-
brösel für die Form

Die Brötchen in feine Scheiben schneiden. Mit der Sahne begießen und durchziehen lassen. 1 EL Fett in der Pfanne erhitzen, die Brötchen mit der Sahne unter Rühren darin zu einem dicken Brei kochen. Leicht abkühlen lassen. Das restliche Fett mit Honig, Birnendicksaft und Eidottern schaumig rühren, zur Brötchenmasse geben. Zuletzt die Mandeln, Bittermandeln und das steifgeschlagene Eiweiß unterheben. Eine Napfkuchenform ausfetten, mit Bröseln ausstreuen. Den Teig hineinfüllen und bei 180° in der vorgeheizten Röhre ca. 50 Minuten backen.

Brötchenkuchen mit Obst

Dazu werden vorbereitete, geviertelte Zwetschgen oder entsteinte Kirschen (auch Sauerkirschen) oder Aprikosen, jeweils in Scheiben geschnitten, oder Apfelwürfel, Himbeeren oder Erdbeeren untergemischt und mitgebacken. Besonders saftig!

Butterteig-(Mürbeteig-)Kuchen

125 g Butter	1 Prise Salz
100 g Honig	250 g Vollkornweizen
1 Ei	½ Päckchen Backpulver
2 EL saure Sahne	

Die Butter mit dem Honig leicht erwärmen. Mit dem Ei, saurer Sahne und Salz schaumig rühren. Den feingemahlenen Weizen mit dem Backpulver vermischen und dazurühren, kalt stellen.

Wenn Sie es weniger süß lieben:

150 g Butter	2 EL saure Sahne
2 Eier	200 g Vollkornweizen
2 EL Honig	1 TL Backpulver

Die Butter leicht erwärmen, mit den Eiern, Honig und Sahne schaumig schlagen. Den feingemahlenen Weizen mit dem Backpulver vermischen, dazugeben.

Butterteig dient beinahe immer als »Unterlage«: Für Quarkmassen ebenso wie für Obst. Aber auch mit diesen Belägen sollten Sie ihn einmal backen und zu Tisch bringen:

★ mit Möhren:

1 EL Vollkornmehl	2 Eier
250 g Möhren	1 EL Kirschwasser
250 g säuerliche Äpfel	Honig nach Geschmack
½ naturreine Zitrone	

Den Weizen mit ½ Tasse Wasser kurz durchkochen. Indessen Möhren und Äpfel vorbereiten, fein reiben. Mit dem Zitronensaft, Eidottern und Kirschwasser zum Weizenbrei rühren. Mit Honig abschmecken, auf den 15 Minuten bei 200° vorgebackenen Teig streichen und noch weitere 25 Minuten backen.

★ mit Dörrobst:

150 g gemischtes, über   1 EL Kirschwasser
Nacht eingeweichtes   3 EL Sahne
Dörrobst   2 EL Vollkornmehl
1 Tasse Wein

Das abgetropfte Dörrobst durch den Fleischwolf drehen, mit dem Wein und Kirschwasser verrühren. Sahne und Mehl dazugeben, auf den 15 Minuten vorgebackenen Teig streichen, noch 15 Minuten backen.

★ mit Orangen:

3 naturreine Orangen   2 EL Vollkornweizen
1 EL Orangenblütenwasser   Honig nach Geschmack
aus der Apotheke

1½ Orangen sehr dünn schälen. Es darf nichts Weißes mehr an der Schale sein. Die Schalen sehr klein schneiden. Alles Fruchtfleisch im Mixer zerkleinern. Mit der Schale, Orangenblütenwasser, dem Vollkornmehl und Honig vermischen. Auf den 20 Minuten vorgebackenen Boden streichen, weitere 20 Minuten backen.

★ mit Sahne:

250 g Sahne   Vollkornweizen (gemahlen)
2 EL geriebene Nüsse   Honig
je 2 EL Rosinen

Alle Zutaten einige Minuten durchkochen, bis eine dickliche Masse entsteht. Nach Belieben noch mit Vanillemark würzen. Auf den 25 Minuten vorgebackenen Kuchen streichen, weitere 20 Minuten backen.

Hefeteig-Kuchen (Napfkuchen)

30 g Hefe
¼ l Milch
400 g Vollkornweizen
140 g Butter
4 Eier
1 naturreine Zitrone
3 EL ungeschwefelte
Rosinen

1 EL Rum
50 g ungezuckertes
Orangeat
1 Prise Salz
1 kleine Prise geriebene
Muskatnuß
3 EL Honig

Die Hefe mit 1 Tasse leicht angewärmter Milch und 3 EL fein-gemahlenem Weizen verrühren, an einem warmen Ort mit einem Tuch bedeckt 15 Minuten aufgehen lassen. Indessen das Fett mit 3 Eidottern, einem ganzen Ei, Zitronensaft und abgeriebener Zitronenschale, übriger Milch und Honig ver-rühren. Die mit Rum beträufelten Rosinen und das Oran-geat, Salz und Muskat zum Mehl mischen, zu den übrigen Zutaten geben. Den Teig sehr gut durchkneten. 20 Minuten gehen lassen. Dann in eine gefettete Gugelhupf-(Napfku-chen-)Form füllen, bei 200° ca. 50 Minuten backen, stürzen.
Tip: Mit erwärmtem Honig bepinselt und mit Mandelblätt-chen bestreut ein unvergleichlicher Genuß.

Hefe-Nuß-Zopf

30 g Hefe	½ TL Salz
¼ l Milch	½ naturreine Zitrone
400 g Vollkornweizen	1 Vanillestange
100 g Butter	1 Ei
50 g Honig	125 g Mandelblättchen

Aus Hefe, Milch und Mehl wie im vorigen Rezept Ansatz bereiten, dann den übrigen feingemahlenen Weizen, erwärmte Butter und Honig, Salz, Zitronensaft und fein abgeriebene Zitronenschale, Vanillemark sowie das Ei unterrühren.
Den Teig nochmals 20 Minuten gehen lassen, drei Rollen daraus formen, einen Zopf flechten. Auf das gefettete Backblech geben. Mit etwas Sahne bestreichen, mit den Mandelblättchen bestreuen, weitere 20 Minuten aufgehen lassen. Dann in der auf 200° vorgeheizten Röhre ca. 40 Minuten backen.

Honigkuchen »Amsterdam«

150 g Sahne	200 g Zitronat
200 g Honig	(ungezuckert)
400 g Vollkornweizen	1 TL Butter
1 TL Backpulver	2 EL Vollkornsemmelbrösel
1 TL Zimt	

Die Sahne mit dem Honig erwärmen, gut durchrühren. Den feingemahlenen Weizen mit Backpulver und Zimt vermischen, mit dem feingeschnittenen Zitronat dazukneten. Die Masse in eine gefettete, mit Bröseln ausgestreute Kastenform füllen und bei 180° ca. 60 Minuten backen.
Variation: Wenn Sie dazu noch gehackte, getrocknete Äpfel und Aprikosen (natürlich ungeschwefelt) untermischen,

können Sie rund 100 g Honig einsparen. Eventuell diesen köstlichen (und lange haltbaren Kuchen) noch mit Rum würzen. Auch Mandelstifte oder Mandelblättchen können in den Teig gemischt werden.

Statt gemahlenem Vollkornweizen können Sie auch gemahlenen Vollkornkuchen aller Art – eine ideale Resteverwertung also! – verwenden.

Mohnkuchen

30 g Hefe	125 g Honig
¼ l Milch	1 TL Zimt
300 g Vollkornweizen	100 g grobgehackte
80 g Butter	Haselnüsse
50 g Honig	80 g Butter
1 Prise Salz	1 Eigelb
350 g gemahlener Mohn	

Die Hefe mit ½ Tasse erwärmter Milch und 3 EL feingemahlenem Weizen verrühren, im Warmen bedeckt 15 Minuten aufgehen lassen. Dann den restlichen gemahlenen Weizen, weiche Butter und Honig einrühren, noch einmal gehen lassen. Den Teig sehr gut durchkneten, fingerdick ausrollen. Alle übrigen Zutaten verrühren und daraufstreichen. Den Teig zusammenrollen, auf ein gefettetes Backblech legen. Noch einmal 20 Minuten gehen lassen. Dann mit Eigelb bepinseln und in der auf 180° vorgeheizten Röhre ca. 60 Minuten backen.

Zum Mohnkuchen gibt es viele Variationen:

Sie können unter die Mohnmasse auch Mandeln oder Rosinen mischen, mit Zitronensaft und Zitronenschale oder mit Vanillemark oder mit Rum würzen.

Gut macht sich diese Mohnfüllung auch auf einem Blechkuchenteig oder Butterteig aufgestrichen und gebacken.

Nürnberger Wickel-Kuchen

40 g Hefe
¼ l Milch
140 g Butter
4 Eier
1 naturreine Zitrone
350 g Vollkornweizen
1 EL Rum
50 g Honig
100 g Rosinen
(ungeschwefelt)

100 g gestiftelte Mandeln
100 g ungezuckertes
Zitronat (oder getrocknete
Aprikosen) aus dem Natur-
kostladen oder Reformhaus
½ TL Zimt
1 Vanilleschote

Die Hefe mit der Milch und 3 EL feingemahlenem Weizen
verrühren, im Warmen mit einem Tuch bedeckt 15 Minuten
aufgehen lassen. Inzwischen 100 g Fett, Eier, Zitronensaft und
abgeriebene Zitronenschale schaumig rühren, das restliche
Mehl dazukneten.
Den Teig zu einem langen, fingerdicken Rechteck ausrollen.
Rum, Honig, die Rosinen, Mandeln und zerkleinertes Zitronat (oder die durch den Fleischwolf gedrehten Aprikosen)
vermischen, mit Zimt und Vanillemark würzen, auf den Teig
streichen. Den Teig von der Breitseite her zusammenrollen,
in Stücke von ca. 4–5 cm schneiden. Die Stücke nebeneinander in eine gefettete Springform setzen. Noch einmal
20 Minuten gehen lassen. Bei 200° ca. 45 Minuten backen.
Noch warm dick mit erwärmter Butter bepinseln.

Walnußkuchen

125 g Butter
60 g Honig
1 Ei
2 EL saure Sahne
1 Prise Salz
250 g Vollkornweizen
1 TL Backpulver
100 g Honig

150 g geriebene Walnüsse
1 Vanillestange
1 Prise Zimt
1 Prise Nelkenpulver
3 Eiweiß
1 Ei
50 g Walnußhälften
Fett für die Form

Butter, Honig, das Ei, saure Sahne, 2 EL Wasser, Salz und den feingemahlenen, mit dem Backpulver vermischten Weizen schnell verkneten, kalt stellen. Dann die Hälfte davon ausrollen und in eine gefettete Springform drücken, dabei einen Rand bilden.

Für den Belag Honig erwärmen, mit den geriebenen Nüssen, dem Vanillemark, Zimt und Nelkenpulver vermischen, dann das steifgeschlagene Eiweiß unterheben. Auf den Teig streichen. Den restlichen Teig in der Größe der Form ausrollen, darauflegen. Mit verquirltem Eigelb bestreichen, mit den Walnußhälften belegen. In der auf 180° vorgeheizten Röhre in ca. 50 Minuten goldbraun backen.

Nußkuchen

200 g Honig
5 Eier
1 naturreine Zitrone
200 g Mandeln
50 g ungezuckertes Zitronat
aus dem Naturkostladen
oder Reformhaus
200 g Vollkornweizen

1 TL Backpulver
1 TL Zimt
½ TL gemahlene Nelken
1 Prise geriebene
Muskatnuß
1 TL Butter
3 EL geriebene Haselnüsse
100 g Birnensirup

Den leicht erwärmten Honig mit dem Saft von ½ Zitrone und den Eidottern schaumig rühren. Die geriebenen Mandeln, 1 EL geriebene Zitronenschale und das kleingeschnittene Zitronat dazugeben. Dann den feingemahlenen Weizen mit Backpulver und den Gewürzen vermischt, untermischen. Eiweiß steifschlagen und dazugeben. Eine Tortenbodenform fetten, mit den Nüssen ausstreuen. Den Teig einfüllen und in der auf 180° vorgeheizten Röhre gut 1 Stunde backen. Den Teig noch heiß mit einer Glasur aus Birnensirup und restlichem Zitronensaft beträufeln.

Quarkkuchen

150 g Vollkornweizen
50 g grobgeriebene
Mandeln oder Haselnüsse
100 g Butter
1 Prise Salz
4 EL Wasser
500 g Quark aus dem
Naturkostladen oder
Reformhaus
¼ l saure Sahne

2 Äpfel
2 Eier
50 g Honig
50 g ungeschwefelte
Rosinen
½ Vanillestange
50 g Butter
Vollkornsemmelbrösel für
die Form

Aus dem feingemahlenen Weizen, den Nüssen, Butterflöckchen, Salz und Wasser schnell einen Teig kneten, ausrollen, mehrmals zusammenlegen und in den Kühlschrank geben. Das mindestens dreimal wiederholen. Dann den Blätterteig ausrollen, in eine kalt ausgespülte Springform legen und dabei einen Rand bilden. 20 Minuten in der auf 200° vorgeheizten Röhre vorbacken. Inzwischen den Quark mit saurer Sahne und den Eiern glattrühren. Mit Honig süßen. Dann die Rosinen, Vanillemark, die geschälten, grob geraffelten Äpfel und die erwärmte Butter unterrühren, auf den Teig streichen. In der Röhre bei 180° noch 45 Minuten backen.

Quark-Mohn-Kuchen

Zutaten für den Teig und   *250 g gemahlenen Mohn*
für die Quarkmasse wie   *1 TL Zimt*
Quarkkuchen   *1 Ei*
außerdem 100 g Sahne   *5 EL Honig*

Teig wie im vorigen Rezept bereiten und vorbacken. Inzwischen den Mohn kurz in der Sahne aufkochen, mit Zimt, Ei und Honig verrühren, leicht abkühlen lassen. Auf den vorgebackenen Teig streichen, darauf die Quarkmasse wie im vorigen Rezept verteilen. Bei 180° noch ca. 45 Minuten in der Röhre backen.

Quarkkuchen mit Sesam

Wie Quarkkuchen nach dem Grundrezept (vorletztes Rezept) bereiten, jedoch die Quarkmasse nach ca. 35 Minuten Backzeit (mit Quark) aus der Röhre nehmen. 3 EL in der Pfanne leicht angeröstete Sesamsaat daraufstreuen, noch 10 Minuten backen.

Wiener Gewürz-Striezel

40 g Hefe
¼ l Milch
5 EL Sahne
500 g Vollkornweizen
1 Prise Salz
100 g Butter
75 g Honig
½ naturreine Zitrone

je 1 große Prise
Muskatblüte, Fenchel,
Sternanis und Koriander
40 g ungeschwefelte
Rosinen
50 g Mandeln
1 Eidotter

Die Hefe in 1 Tasse lauwarmer Milch auflösen, mit etwas fein-gemahlenem Mehl verrühren, im Warmen ca. 15 Minuten gehen lassen. Dann Salz, Butter, Honig, die abgeriebene Zitronenschale, den Zitronensaft, die Gewürze, gestiftelte Mandeln und Rosinen, zuletzt die übrige Milch und das restliche Mehl (ca. 3 EL zum Ausarbeiten zurücklassen) dazugeben. Sehr gut durchkneten. Noch einmal 20 Minuten gehen lassen. Dann den Teig in sechs Portionen zerteilen, jeweils lange Streifen daraus rollen. Zwei dünne Zöpfe flechten, plattdrücken. Mit Eidotter bestreichen und aufeinanderlegen. Noch einmal aufgehen lassen, auf ein gefettetes Backblech legen und bei 180° in ca. 70 Minuten backen.

Stollen

sind nicht nur zu Weihnachten eine herrliche Sache: Unsere schmecken besonders aromatisch-herzhaft und so gut, daß sie sich auch zum Verschenken vorzüglich eignen. Beginnen Sie bald mit dem Backen, denn diese Stollen halten sich wochenlang frisch.

Mandelstollen

1000 g Vollkornweizen
⅝ l Milch
400 g Butter
200 g Honig
Salz
200 g geriebene Mandeln
1 EL bittere Mandeln

150 g ungezuckertes
Zitronat aus dem
Naturkostladen oder
Reformhaus
2 EL Rum
½ TL Zimt

Das feingemahlene Mehl (3 EL zum Ausarbeiten zurücklassen) auf den Arbeitstisch geben, in die Mitte eine Vertiefung drücken. Darin die Hefe mit wenig Mehl in 1 Tasse lauwarmer Milch verrühren, ca. 15 Minuten gehen lassen.
Dann 350 g Butter, das übrige Mehl, Honig, Salz, die Mandeln und die kleingeschnittenen Bittermandeln, das zerkleinerte Zitronat und den Rum dazukneten. Weitere 20 Minuten gehen lassen. Der Teig soll sehr gut durchgearbeitet werden! Auf dem bemehlten Arbeitstisch zwei Stollen formen. Auf ein gefettetes Backblech legen und mit einem Tuch bedeckt 30 Minuten aufgehen lassen. In der auf 180° vorgeheizten Röhre 70 Minuten backen. Noch heiß mit der restlichen erwärmten Butter bestreichen und mit Zimt bestreuen.

Quarkstollen

600 g Vollkornweizen	3 Eier
160 g Butter	500 g Quark
100 g Sesamsaat	200 g Rosinen
125 g Honig	2 TL Backpulver
1 Prise Salz	Fett für das Blech

500 g feingemahlenen Weizen mit weicher Butter, den in der Pfanne leicht angerösteten Sesamkörnern, Honig, Salz, dem Quark und Eiern gut verkneten. Rosinen in Mehl wälzen, mit dem Backpulver vermischen und ebenfalls gut in den Teig einarbeiten.

Zwei Stollen formen, auf das gefettete Backblech legen und in der auf 180° vorgeheizten Röhre gut 60 Minuten backen.

Sächsische Stollen

250 g Rosinen	75 g Hefe
250 g Sultaninen	¾ l Milch
250 g Trockenaprikosen	300 g Butter
(alles ungeschwefelt aus	4 Eier
dem Naturkostladen oder	4 EL Honig
Reformhaus)	1 Prise Salz
je 1 naturreine Zitrone und	50 g gestiftelte Mandeln
Orange	5 bittere Mandeln
3 EL Rum	800 g Vollkornweizen

Die Rosinen und Sultaninen waschen, auf einem Tuch trocknen lassen. Mit den kleingeschnittenen Aprikosen und der abgeriebenen Schale von Zitrone und Orange vermischen. Mit Rum beträufeln und durchziehen lassen. Inzwischen die Hefe in 1 Tasse lauwarmer Milch auflösen. 250 g Fett mit den Eiern, Honig sowie Salz cremig rühren. Die Hefe-Milch,

Mandeln und kleingeschnittene Bittermandeln sowie das Mehl (3 EL zum Ausarbeiten zurücklassen) gut verkneten. Zuletzt die Trockenfrüchte einarbeiten, sehr gut durchkneten. Den Teig mit einem Tuch bedeckt bei Zimmertemperatur 30 Minuten gehen lassen, noch einmal gut durchkneten und zwei Stollen formen. Auf das gefettete Backblech legen und weitere 20 Minuten gehen lassen. In der auf 200° vorgeheizten Röhre ca. 65 Minuten backen, noch heiß mit erwärmter Butter bepinseln.

Nürnberger Früchtebrot

100 g Honig
6 Eier
100 g Mandeln
100 g Haselnüsse
100 g ungezuckertes
Zitronat
100 g ohne Zucker
gekochte, entsteinte
Sauerkirschen

200 g Vollkornweizen
je 1 Prise Zimtpulver und
gemahlene Nelken
½ Vanilleschote
Butter und Vollkorn-
semmelbrösel für die Form
einige ganze Mandeln und
Zitronatstücke zum
Verzieren

Den Honig mit den Eidottern schaumig rühren. Nüsse und Zitronat grob hacken, mit dem mit Zimt und Nelken sowie Vanillemark vermischten Mehl untermischen. Zuletzt das steifgeschlagene Eiweiß einarbeiten.
Eine große Kastenform (oder 2 kleine) ausfetten, mit Bröseln ausstreuen. Den Teig einfüllen und in der auf 160° vorgeheizten Röhre in 60–70 Minuten mehr trocknen als backen. Sehr hübsch sieht es auch aus, wenn Sie in die Oberfläche des Kuchens vor oder sofort nach dem Backen Muster aus halbierten, enthäuteten Mandeln und Zitronatstreifen eindrücken.

Ulmer Hutzelbrot

250 g Trockenbirnen
250 g Dörrpflaumen
250 g getrocknete Feigen
100 g Mandeln
100 g Haselnüsse
100 g Rosinen
50 g Zitronat
50 g Orangeat

100 g Honig
1 TL fertig gemischtes
Lebkuchengewürz
½ Tasse Rum- oder
Kirschwasser
500 g Roggenbrotteig nach
unserem Rezept auf
Seite 32

Die Trockenfrüchte in einer Schüssel mischen, mit Wasser begießen, so daß die Früchte bedeckt sind. Über Nacht einweichen. Dann das Obst gut abtropfen lassen, Pflaumen entsteinen. Alles grob hacken oder zusammen mit den Nüssen und Mandeln durch die grobe Scheibe des Fleischwolfs drehen. Rosinen und das gewürfelte Zitronat und Orangeat dazugeben. Honig mit Lebkuchengewürz und Rum vermischen, darüberträufeln und gut einarbeiten. Den Teig gut 1 Stunde Aroma ziehen lassen – erleben Sie, wie gut dann Ihre ganze Küche duftet! Danach den Brotteig einkneten. Mit feingemahlenem Weizen auf der Arbeitsplatte den Teig noch einmal sehr gut kneten, zwei längliche Laibe formen. Bedeckt im Warmen 20 Minuten aufgehen lassen, dann die Brote mit enthäuteten Mandelhälften und kandierten Früchten hübsch verzieren. In der auf 175° vorgeheizten Röhre ca. 70 Minuten backen.

Backen mit Obst

Backen mit Obst ist eine feine Sache! Denn Obstkuchen schmecken nicht nur besonders saftig und delikat – sie sind auch gesund. Gewiß, Obst verliert beim Kochen und auch beim Backen an Vitaminen, besonders an Vitamin C. Doch den größten Teil – und besonders die wertvollen Mineralstoffe – nehmen Sie auch mit dem Obstkuchen auf.

Versuchen Sie, chemisch unbehandeltes Obst zu finden und verwenden Sie zum Süßen natürlich keinesfalls Zucker – dann kann der Obstkuchen auch einmal unter der Woche auf den Tisch kommen!

Wo ist natürliches Obst noch erhältlich? Zuerst natürlich im Garten! Ein paar Obstbäume gehören unbedingt in jeden Garten. Wer keinen Garten (und auch keine Freunde mit einem Stücken Land) hat, sollte auf die Suche gehen: Naturkostläden gibt es ja jetzt in jedem Stadtteil. Sie sollten aber auch bei sonntäglichen Ausflügen nach Bauernhöfen »fahnden«, wo an den Apfelbäumen noch unregelmäßig große Früchte mit dunklen Flecken hängen. Das beweist, daß hier ohne Gift gegärtnert wird. Melden Sie sich hier als regelmäßiger Kunde an. Und lassen Sie sich auch gleich für die Winterkartoffeln vormerken.

Nicht nur dem Geldbeutel und der Bequemlichkeit, sondern auch Ihrem Körper zuliebe sollten Sie sich eine Tiefkühltruhe zulegen, wo Sie natürlich gezogenes Obst (neben vielem anderen biologisch »Richtigem«) ohne Konservierungsstoffe lagern können.

Hier nun eine Tabelle der wichtigsten Obstarten und der darin enthaltenen Mineralstoffe und Vitamine. Und auch gleich das, wogegen sie helfen!

Es enthalten	Reichlich von diesen Vitaminen	Beachtenswerte Mengen dieser Mineralstoffe:	gut gegen
frische Ananas	A, B₁, B₂, B₆, C	K, Ca, Ma, Mn, E, P	Verdauungsschwäche
Äpfel	A, C	K, Ca, Mg, E, P	Verstopfung, aber auch Durchfall, Fieber
Aprikosen	A (besonders viel!), B₂, B₆	Na, Ka, Ca, E, Cu, P	Nervosität, Stoffwechselstörungen, Hautunreinheiten, Augenschwäche, brüchige Nägel
Bananen	A, B₂, B₆, C	K, Mg, E, Cu, P	entwässern gut
Birnen	B₂	Na, Ca, P	Blutarmut
Brombeeren	A, B₂, C	Cu (sehr reichlich)	für Schlankheitskuren, wenn der Nährwert in eine niedrige Tagesjoule-Ration eingeplant wird, Fieberhafte Erkrankungen
Erdbeeren	A, B₂, C	Na, K, Ca, E, Cu, P	Blutarmut, Hautunreinheiten, Leberstörungen, Arthritis
Grapefruit	A, C	Na, Ca, Mg, E, Cu, P	Infektionsanfälligkeit
Heidelbeeren	A, B₂, B₆, C	Ca, Mg, Mn, E	Durchfall, Erbrechen, Magen- und Darmerkrankungen
Himbeeren	A, B₂, B₆, C	Na, K, Ca, Mg, E, Cu, P	Wie Brombeeren

Holunder-beeren	A (besonders viel!), B₁, B₂, B₆, C	Ka, Ca, E, P	Verstopfung, Blasenleiden, zur Blutreinigung
Johannis-beeren weiß und rot schwarz	A, B₁, C, A, B₁, B₂, B₆, reichlich C	Ka, Ca, Mg, E, P Na, Ka, E, Cu, P	Zur Blutreinigung, Kopfschmerzen, Ruhr, Magenschwäche, Erkältungskrankheiten, Grippe, Gicht, Rheuma, Halsentzündung
Kirschen	A (sehr viel!), B₁, B₂, C	Ka, Mg, E, P	Blutarmut, Hautunreinheiten, Verstopfung
Mandarinen	A (reichlich!), B₁, C (viel F!)	Na, K, Ca, Mg, E, Cu, P	Erkältungen aller Art
Melonen	A (besonders reichlich!), C	Na, K, Mg	Zur Blutreinigung, regenerierend
Orangen	B₁, reichlich A + C	K, Ca, Mg, P	Erkältungskrankheiten, auch vorbeugend
Pfirsiche	reichlich A	K, E, P	Zur Blutreinigung, gegen Verstopfung
Pflaumen	A, B₁, B₆, C	K, Ca, E, P	Verstopfung, Antriebsschwäche
Stachelbeeren	A, B₁, C	Ca, E, Cu, P	Stärkt Magen, Schleimhaut und Nerven
Trauben	A, B₁, C	K, Ca, Mg, Mn, P	Gicht, Rheuma, Ischias, Hautkrankheiten, erhöhter Blutdruck
Zitronen	A, C	K, Ca, Mg, Cu, P	Erkältungskrankheiten

Na = Natrium, K = Kalium, Ca = Calcium, Mg = Magnesium, E = Eisen, Cu = Kupfer, P = Phosphor, Mn = Mangan

Schwedische Apfeltorte

100 g Butter
100 g Vollkornweizen
100 g Honig
750 g säuerliche Äpfel
1 Prise Zimt

½ naturreine Zitrone
100 g ungezuckertes
Zitronat
3 Eiweiß

Eine Springform gut ausbuttern. Die restliche Butter mit dem feingemahlenen Weizen und 2 EL Honig verkneten. Die Form damit auskleiden, dabei einen nicht zu niedrigen Rand bilden. In der auf 180° vorgeheizten Röhre je nach Dicke 20–25 Minuten backen. Inzwischen die Äpfel schälen, vom Kernhaus befreien und kleinschneiden. Mit sehr wenig Wasser (oder Weißwein) weichkochen. Mit Zimt, Honig, Zitronensaft und abgeriebener Zitronenschale würzen, zuletzt das sehr kleingeschnittene Zitronat untermischen. Auf den vorgebackenen Boden streichen. Eiweiß mit dem restlichen Honig steifschlagen, in Gittern darüberspritzen, bei 120° noch 15 Minuten in der Röhre überflammen.

Gedeckter Apfelkuchen

Zutaten wie im vorigen Rezept. Teig wie oben bereiten. Ca. zwei Drittel davon sehr dünn ausrollen, die Form damit auslegen. Den restlichen, sehr dünn ausgerollten Teig in Streifen schneiden. Einen Streifen als Rand in die Form legen, 20 Minuten bei 180° vorbacken. Die Äpfel vorkochen, mit dem Honig süßen, zuletzt das steifgeschlagene Eiweiß unterheben. Auf den vorgebackenen Boden streichen. Mit Teigstreifen gitterartig abdecken, weitere 20 Minuten bei 200° backen.

Großmamas Apfelcreme-Torte

Dotter von 2 hartgekochten
Eiern
1 frisches Eidotter
100 g Butter
Honig nach Geschmack
1 Prise Salz
½ naturreine Zitrone
4 EL Sahne
100 g Vollkornweizen
1 TL Backpulver

60 g Vollkorn-Semmel-
oder Kuchenbrösel
2 EL Rosinenwasser (aus der
Apotheke)
2 EL Kirschwasser
600 g säuerliche Äpfel
1 Tasse Weißwein
1 Prise Zimt
4 Eier
Fett für die Form

Die hartgekochten Eidotter mit der Gabel sehr gut zerdrük-
ken. Mit dem frischen Eidotter, der in Flöckchen zerteilten
Butter, 3 EL Honig, 1 Prise Salz, Saft und abgeriebener Schale
der Zitrone sowie der Sahne schaumig rühren. Den feingemahlenen Weizen mit Backpulver und Bröseln vermischen,
zur Eimasse geben. Den bröseligen Teig im Kühlen ca. 30 Minuten ruhen lassen. Indessen die Äpfel schälen, vom Kernhaus befreien und kleinschneiden. Im Wein weichdünsten.
Durch ein Sieb streichen und mit Zimt, Honig, Rosen- und
Kirschwasser abschmecken. Eine gefettete Springform mit
zwei Dritteln des Teigs auslegen, dabei einen Rand formen.
20 Minuten bei 180° vorbacken, dann die Apfelmasse daraufstreichen. Aus dem Teig dünne Rollen formen und als
Gitter darauflegen, weitere 25 Minuten backen.

Englischer Apfelkuchen

150 g Butter
1 Ei
1 Vanillestange
100 g Honig
250 g Vollkornweizen
1 TL Backpulver
1 Prise Salz

250 g Rosinen
100 g ungezuckertes
Zitronat
1 Prise Zimt
1 Prise Nelkenpulver
500 g säuerliche Äpfel
3 EL Kirschwasser

Eine Springform ausbuttern. Die übrige Butter mit Eigelb, Vanillemark, 4 EL warmem Wasser und 2 EL Honig schaumig rühren. Den feingemahlenen Weizen mit Backpulver und Salz vermischen, dazugeben. Zu zwei dünnen Platten in der Größe der Form ausrollen, eine Platte in die gefettete Form legen, dabei einen Rand bilden. Rosinen, das kleingeschnittene Zitronat, die Gewürze, die geschälten, vom Kernhaus befreiten und grob geraspelten Äpfel, restlichen Honig und Kirschwasser daraufgeben, mit der zweiten Teigplatte abdecken. Mit Eigelb bestreichen. In der auf 180° vorgeheizten Röhre ca. 50 Minuten backen.

Tarte tartin

80 g Honig
200 g Butter
1250 g kräftig schmeckende
Äpfel

3 EL Weinbrand
1 Zitrone
150 g Vollkornweizen

Den Honig mit 80 g Butter in eine Springform geben, für ca. 10 Minuten in die auf 200° vorgeheizte Röhre stellen. Inzwischen die Äpfel schälen, vierteln und vom Kerngehäuse befreien. Mit der Rundung nach unten dicht in die Form schichten. Mit Weinbrand und Zitronensaft beträufeln. Weitere 50 Minuten in die Röhre stellen. Inzwischen die restliche Butter mit dem feingemahlenen Weizen verkneten, zu einem Kloß formen und kalt stellen. Dann in der Größe der Form ausrollen, auf die Äpfel legen und am Rand festdrücken. Diesen köstlich-saftigen Apfelkuchen nach französischer Art noch für weitere 15 Minuten in der Röhre backen. Noch 15 Minuten in der Form ruhen lassen, dann vorsichtig stürzen. Der Boden liegt jetzt oben, also den Kuchen noch einmal auf eine andere Platte stürzen.

Äpfel in Butterteig

100 g Butter
5 EL Honig
150 g Vollkornweizen
1 Prise Salz
1 TL Backpulver
Vollkornmehl zum
Ausrollen

8 säuerliche Äpfel
3 EL Rosinen
3 EL Rum
4 EL geriebene Mandeln
1 Eidotter
Fett für das Blech

Die Butter mit 1 EL Honig und dem feingemahlenen, mit Salz und Backpulver vermischten Mehl verkneten, kalt stellen. Dann dünn ausrollen, zu Quadraten von ca. 15–20 cm (je nach Größe der Äpfel) schneiden. Die Äpfel schälen, das Kerngehäuse herausstechen. Den restlichen Honig leicht erwärmen, mit Rum, Mandeln und den Rosinen vermischen, in die Äpfel füllen. Die Äpfel in den Teig einhüllen, rundum mit verquirltem Eigelb bepinseln und in der auf 180° vorgeheizten Röhre ca. 50 Minuten backen. Heiß schmecken die Äpfel am besten!

Aprikosentorte

500 g reife Aprikosen	150 g Vollkornweizen
125 g Honig	1 Prise Salz
1 Prise Zimt	1 TL Backpulver
½ naturreine Zitrone	1 Eigelb
100 g Butter	100 g Mandelblättchen

Die Aprikosen mit kochendem Wasser überbrühen, schälen und halbieren. Von 5 Früchten die Kerne aufschlagen, das weiße Innere in Scheiben schneiden und zu den Früchten geben. Mit 6 EL Honig beträufeln, mit Zimt und abgeriebener Zitronenschale bestreuen, ca. 30 Minuten stehen, dann abtropfen lassen. Den abgetropften Saft mit den Kernen und Zitronensaft kurz aufkochen, durch ein Sieb gießen. Eine Springform ausfetten. Restliche Butter mit dem übrigen Honig und dem feingemahlenen, mit Salz und Backpulver vermischten Weizen verrühren. Etwa zwei Drittel des Teigs in eine gefettete Form legen, dabei einen Rand bilden. Die Aprikosenhälften darüberlegen. Aus dem restlichen Teig Streifen schneiden und gitterförmig darauflegen. Mit Eigelb bepinseln und in der auf 200° vorgeheizten Röhre ca. 50 Minuten backen. Dann vorsichtig den Fruchtsirup daraufträufeln, die Mandelblättchen daraufstreuen, weitere 10 Minuten backen.

Blätterteig-Beerenkuchen

200 g Vollkornweizen
150 g Butter
1 Prise Salz
1 Ei
2 EL Vollkornsemmelbrösel
350 g Sahne
Mark von ½ Vanillestange

Birnendicksaft nach
Geschmack
5 EL weiße Gelatine
ca. 350 g Himbeeren,
Erdbeeren oder Johannis-
beeren, auch gemischt

Eine Springform fetten. Restliche Butter mit dem feingemahlenen Weizen, Salz und Ei verkneten. Den Teig mehrmals
ausrollen und wieder zusammenlegen, dann eine mit Bröseln ausgestreute Form damit auskleiden, dabei einen Rand
bilden. In der auf 200° vorgeheizten Röhre in ca. 25 Minuten
goldbraun backen. Ca. 1 Stunde vor dem Servieren Sahne
mit Vanillemark und Birnendicksaft steifschlagen. Gelatine
5 Minuten in kaltem Wasser einweichen, dann in einem kleinen Pfännchen bei kleiner Hitze im Abtropfwasser unter
Rühren auflösen, in die Sahne rühren. Die Beeren vorbereiten, pürieren und untermischen. Die halbsteife Masse auf
den Boden streichen, im Kühlschrank vollends erstarren lassen.

Brotkuchen mit Obst

½ Masse Brötchenteig nach
dem Rezept auf Seite 79
2 EL Butter
2 EL Vollkornsemmelbrösel

1000 g Heidelbeeren oder
vorbereitete, halbierte,
entkernte Zwetschgen oder
geschälte, vom Kernhaus
befreite Äpfel
⅜ l saure Sahne
Honig nach Geschmack

Den Brötchenteig nach dem zweiten Kneten dünn ausrollen
und ein gut gefettetes kleines Blech oder eine große Ku-
chenform damit auslegen, einen Rand bilden. Mit den Bröseln bestreuen, mit den Früchten belegen. In der auf 180°
vorgeheizten Röhre ca. 45 Minuten backen. Dann die Sahne
mit erwärmtem Honig süßen, darüberstreichen, weitere
10 Minuten überbacken.

Erdbeer-Biskuit

150 g Honig
Mark von ½ Vanillestange
4–5 Eier (je nach Größe)
100 g Butter
150 g Vollkornweizen

1 EL Backpulver
1 naturreine Zitrone
400 g Erdbeeren
2 EL Vollkornsemmelbrösel

Den Honig mit Vanillemark und den Eidottern sehr schaumig rühren. Eine Form ausfetten. Die restliche Butter leicht
erwärmen und unter die Eimasse ziehen. Den feingemahlenen Weizen mit dem Backpulver und abgeriebener Zitronenschale vermischen, löffelweise dazurühren. Zuletzt das
steifgeschlagene Eiweiß und die vorbereiteten, geviertelten,

mit Zitronensaft beträufelten Erdbeeren untermischen. Die Form mit Bröseln ausstreuen. Den Teig einfüllen und bei 200° ca. 50 Minuten backen. Schmeckt warm und kalt gleich köstlich.

Sie können dieses Rezept ebensogut mit entsteinten Kirschen oder halbierten reifen Aprikosen oder Himbeeren zubereiten.

Hefeteigkuchen mit Obst

200 g Vollkornweizen
20 g Hefe
1 EL Honig
50 g Butter
2 EL Sahne
1 Prise Salz
1 Ei
2 EL Vollkornbrösel

1000 g säuerliche Äpfel
oder Zwetschgen (oder
vorgekochte, abgetropfte)
Quitten
1 TL Zimt, Honig oder
Apfeldicksaft nach
Geschmack

2 EL feingemahlenen Weizen mit der Hefe in 1 Tasse lauwarmem Wasser anrühren, 15 Minuten im Warmen mit einem Tuch bedeckt aufgehen lassen. Dann das restliche Mehl, Honig, 3 EL Butter, Sahne, Salz und Ei unterkneten. Nochmals aufgehen lassen, dann gut durchkneten, ausrollen. Eine gebutterte, mit Bröseln ausgestreute Form damit auslegen, Rand bilden. Die vorbereiteten Früchte darauflegen. Mit Zimt bestreuen, mit Honig oder Dicksaft beträufeln und nochmals gehen lassen. Dann in der auf 200° vorgeheizten Röhre ca. 45 Minuten backen.

Obstkuchen mit Guß

Wird wie der vorherige bereitet, jedoch nach 30 Minuten Backzeit mit einem Guß aus 3 Eidottern, 100 g Honig, 200 g geriebenen Mandeln, 1 TL abgeriebener Zitronenschale und dem steifgeschlagenen Eiweiß bestrichen. Bei 160° weitere 20 Minuten backen.

Obstkuchen mit Eier-Rahm-Guß

Wie Hefeteigkuchen mit Obst bereiten, jedoch nach 30 Minuten Backzeit eine Masse aus $\frac{1}{4}$ l halbsteif geschlagener Sahne, Mark von $\frac{1}{2}$ Vanillestange, 3 Eiern und 4 EL Honig, im Wasserbad cremig geschlagen, über den Kuchen gießen, noch 35 Minuten bei 160° backen.

Versunkener Obstkuchen

100 g Honig
Mark von $\frac{1}{2}$ Vanillestange
4 Eier
70 g geriebene Haselnüsse
150 g Vollkornweizen

Butter und Vollkorn-
Semmelbrösel für die Form
500 g vorbereitete beliebige
Früchte

Honig mit Vanillemark, Eidottern, den leicht in der trockenen Pfanne angerösteten Nüssen und dem mit dem Backpulver vermischten feingemahlenen Weizen verrühren. Eiweiß steif schlagen und unterheben. Eine Tortenform buttern, mit Bröseln ausstreuen. Den Teig hineinstreichen, mit den Früchten belegen. In der auf 200° vorgeheizten Röhre in ca. 50 Minuten goldbraun backen.

Torten

Noch viel mehr als für die »gesunden« Kuchen gilt für unsere Torten: Feines Gebäck mit verhältnismäßig geringem Mehlanteil sollte Sonn- und Feiertagen, Gästen und Festen vorbehalten sein.

Genieren Sie sich auch nicht, Gästen, die bisher noch nicht zu naturnaher Vollwertnahrung bekehrt werden konnten, diese Torten anzubieten – sie werden allen, wirklich auch den höchsten Schlemmer-Ansprüchen gerecht!

Baden-Badener Torte

200 g Mandeln
100 g Honig
8 Eier
50 g ungezuckertes Orangeat
50 g ungezuckertes Zitronat
1 Msp Zimt
1 Msp gemahlene Nelken
1 TL abgeriebene Schale von naturreiner Zitrone

100 g altes Vollkornbrot oder Vollkornsemmeln
4 EL Rum
Butter für die Form
4 EL Mandelblättchen
¼ l Sahne
Mark von ¼ Vanilleschote
200 g vorbereitete (eventuell Tiefkühl-) Erdbeeren

Die Hälfte der Mandeln grob hacken und unter Rühren vorsichtig zusammen mit dem Honig anrösten. Eidotter schaumig schlagen, die abgekühlten Mandeln, das kleingeschnittene Orangeat und Zitronat, die Gewürze, die restlichen feingemahlenen Mandeln, Rum und das geriebene Vollkornbrot unterrühren. Zuletzt das steifgeschlagene Eiweiß unterheben. Eine Form ausbuttern, mit Mandelblättchen ausstreuen. Den Teig einfüllen, in der auf 180° vorgeheizten Röhre gut 50 Minuten backen. Den Kuchen noch 10 Minuten in der Form lassen, dann herausnehmen, nach dem Erkalten in Stücke schneiden. Vor dem Servieren jedes Stück mit steifgeschlagener, mit Vanillemark und eventuell noch etwas Honig oder Birnendicksaft gewürzter Sahne und Erdbeerhälften garnieren.

Eiercreme-Torte

150 g Honig	½ naturreine Zitrone
½ Vanillestange	Butter und Vollkorn-
10 Eier	semmelbrösel für die Form
200 g Vollkornweizen	¼ l Sahne
gut ½ TL Backpulver	3 Blatt weiße Gelatine

75 g Honig mit der Hälfte des Vanillemarks und 6 Eidottern sehr schaumig rühren. Den feingemahlenen Weizen mit Backpulver und feingeriebener Zitronenschale vermischen, unterheben. Eiweiß von allen Eiern mit dem Zitronensaft zu Schnee schlagen und ebenfalls unter den Teig heben. In eine gebutterte, mit Vollkornsemmelbröseln ausgestreute Form füllen und in der auf 180° vorgeheizten Röhre in ca. 50 Minuten goldbraun backen. Aus der Form nehmen und abkühlen lassen. Aus dem restlichen Honig, Eigelb, Sahne und Vanillemark im Wasserbad eine Creme rühren. Sie sollte leicht sämig sein. Inzwischen die Gelatine in ½ Tasse kaltem Wasser

einweichen, nach 5 Minuten ausdrücken und in der warmen Eiercreme auflösen. Die Eiercreme bis zum Erkalten öfter durchrühren, im Kühlschrank erstarren lassen. Vor dem Servieren den Boden zweimal durchschneiden. Mit Creme bestreichen und wieder zusammensetzen. Auch die Oberfläche und den Rand der Torte mit Creme bestreichen, nach Belieben mit Früchten garnieren.

Kastanientorte

4 Eier	½ naturreine Zitrone
100 g Ahornsirup	50 g geriebene Mandeln
4 EL Sahne	100 g Vollkornweizen
125 g Kerne von gekochten	1 TL Backpulver
Kastanien	1 TL Butter
1 Prise Zimt	100 g Honig
Mark von ½ Vanilleschote	4 EL Rum

Eigelb mit Ahornsirup, Sahne, den durch die Kartoffelpresse gedrückten Kastanien, Zimt, Vanillemark, der abgeriebenen Zitronenschale und Zitronensaft gut verrühren. Die Mandeln und den mit dem Backpulver vermischten feingemahlenen Weizen unterheben. Den Teig in eine gefettete Kranzform füllen und in der vorgeheizten Röhre bei 160° ca. 70 Minuten backen. Aus der Form lösen, noch warm dick mit einer Glasur aus erwärmtem Honig und Rum bepinseln.

Käse-Sahne-Torte

150 g Honig
1 Vanillestange
4 Eier
100 g Vollkornweizen
Butter und Vollkorn-
Semmelbrösel für die Form

400 g Quark
$\frac{1}{4}$ l Sahne
1 naturreine Zitrone
4 Blatt weiße Gelatine

Die Hälfte des Honigs mit dem Mark von $\frac{1}{2}$ Vanillestange und 3 Eidottern schaumig schlagen. Feingemahlenen Weizen und steifen Eischnee unterheben. Den Teig in eine gebutterte, mit Vollkornbröseln ausgestreute Springform füllen und in der auf 180° vorgeheizten Röhre 40 Minuten backen. Dann aus der Form lösen und abkühlen lassen. Den Quark mit der Hälfte der Sahne schaumig schlagen, mit Honig abschmecken. Mit Zitronensaft, 1 TL fein abgeriebener Zitronenschale und dem restlichen Vanillemark würzen. Die Gelatine in Wasser einweichen, nach 5 Minuten in einem kleinen Pfännchen im Abtropfwasser unter Rühren bei kleiner Hitze flüssig werden lassen und unter die Quarkcreme rühren. Restliche Sahne sehr steif schlagen, ebenfalls unterheben. Den abgekühlten Biskuitboden wieder in die mit Alufolie ausgekleidete Backform legen. Mit der Quarkmasse bestreichen, im Kühlschrank erstarren lassen. Vor dem Servieren mit der Folie aus der Form nehmen, Folie abziehen. Die Torte mit einem sehr scharfen, in heißes Wasser getauchten Messer in Stücke schneiden.

Mohntorte

5 Eier

125 g Honig

1 Msp Zimt

1 Msp Kardamom

100 g gemahlener Mohn

100 g Vollkornweizen

½ TL Backpulver

2 EL Butter

Das Eiweiß sehr steif schlagen. Nach und nach die Eidotter, den leicht erwärmten Honig, Zimt, Kardamom und Mohn unterrühren. Den feingemahlenen Weizen mit dem Backpulver vermischen und unterheben. Eine Kranzform dick ausfetten, den Kuchenteig einfüllen. Bei 180° ca. 60 Minuten backen. Noch warm mit Butter bepinseln.

Sandtorte

6 Eier

Mark von 1 Vanilleschote

100 g Honig

125 g Vollkornweizen

1 TL Backpulver

140 g Butter

4 EL geriebene Mandeln

oder Haselnüsse

Fett für die Form

Die ganzen Eier mit dem Vanillemark und dem Honig im Wasserbad dicklich schlagen. Während des Erkaltens öfter durchrühren. Dann löffelweise den mit dem Backpulver vermischten feingemahlenen Weizen und die erwärmte Butter untermischen. In eine gefettete, mit Nüssen ausgestreute Form füllen und in der auf 180° vo... ...Röhre 60 Minuten backen.

Urgroßmamas Dotter-Torte

200 g Mandeln
8 hartgekochte Eier
125 g Butter
125 g Honig

½ naturreine Zitrone
150 g Vollkornweizen
1 TL Backpulver

Die Mandeln schälen, reiben. 3 EL für die Form zurücklassen. Die übrigen Mandeln mit den ausgelösten, zerdrückten Eidottern, der leicht erwärmten Butter (ca. 1 EL für die Form zurücklassen!) und dem Honig verrühren. Zitronensaft und fein abgeriebene Zitronenschale sowie den mit dem Backpulver vermischten feingemahlenen Weizen untermischen. In eine gefettete, mit Nüssen ausgestreute Form drücken und in der auf 160° vorgeheizten Röhre ca. 65 Minuten backen. Geben Sie dazu (natürlich ohne Zucker gekochtes) eiskaltes Kompott, garnieren Sie mit Sahnetupfern.

Rumcreme-Torte

125 g Honig
6 Eier
1 Vanilleschote
125 g geriebene Haselnüsse
200 g Datteln
150 g Vollkornweizen
1 TL Backpulver

Butter und Vollkorn-
semmelbrösel für die Form
½ l Sahne
4 EL Rum
1 kleine Prise Zimt
6 Blatt weiße Gelatine

50 g Honig mit dem Eigelb und dem ausgelösten Mark der Vanilleschote schaumig rühren. Dann die Nüsse und die b gehackten (oder durch die grobe Scheibe des Fleisch-gedrehten) Datteln untermischen. Den feingemah-t Backpulver vermischten Weizen dazugeben. Ei-

weiß steifschlagen, ca. zwei Drittel davon unter den Teig heben. Den Teig in eine gebutterte, mit Bröseln ausgestreute Form füllen und in der auf 180° vorgeheizten Röhre ca. 50 Minuten backen. Aus der Form lösen und abkühlen lassen. Inzwischen die Sahne mit dem restlichen Honig und Zimtpulver steifschlagen. Gelatine in kaltem Wasser einweichen. Nach 5 Minuten ausdrücken. Den Rum erwärmen, aber keinesfalls kochen lassen, die Gelatine darin unter Rühren auflösen. Leicht abkühlen lassen, dann unter die Sahne heben, ebenso das restliche steifgeschlagene Eiweiß. Bis zum Erkalten die Creme noch einige Male vorsichtig durchrühren, im Kühlschrank vollends erstarren lassen. Den Dattelboden quer durchschneiden, mit der Rumcreme füllen, wieder zusammensetzen. Die Torte rundum mit der Creme bestreichen, nach Belieben noch mit einigen halbierten Datteln garnieren.

Trockenobst-Torte

8 Eier	100 g getrocknete Feigen
125 g Vollkornweizen	50 g getrocknete Aprikosen
50 g Honig	2 EL Kirschwasser
150 g Haselnüsse	50 g Butter
100 g Rosinen	50 g Mandelblättchen

Die Eier mit dem feingemahlenen Weizen, Honig und grobgemahlenen Nüssen gut verrühren. Feigen und Aprikosen hacken oder durch die grobe Scheibe des Fleischwolfs drehen, mit dem Kirschwasser beträufeln, dann mit den Rosinen in den Teig mischen. In einem Pfännchen in der Butter die Mandelblättchen leicht anrösten, in einer Biskuitbodenform verteilen. Den Teig daraufstreichen. In der auf 180° vorgeheizten Röhre 50 Minuten backen. Hält sich besonders lange saftig!

Weincremetorte

125 g Honig
Mark von ½ Vanillestange
4 Eier
125 g Vollkornweizen
½ TL Backpulver
Butter und Vollkorn-
semmelbrösel für die Form

¼ l Weißwein
½ Zitrone
5 Blatt weiße Gelatine
¼ l Sahne
50 g Mandelblättchen

100 g Honig mit Vanillemark, Eidotter und feingemahlenem, mit dem Backpulver vermischten Weizen verrühren. Eiweiß zu Schnee schlagen und unterheben. Den Teig in eine gefettete, mit Vollkornbröseln ausgestreute Springform füllen und bei 180° ca. 50 Minuten backen. Aus der Form lösen und erkalten lassen. Den Wein mit Zitronensaft erwärmen, aber keinesfalls kochen lassen. Den restlichen Honig einrühren und die in kaltem Wasser eingeweichte, nach 5 Minuten wieder ausgedrückte Gelatine darin auflösen, erkalten lassen, dabei öfter durchrühren. Ehe die Creme erstarrt, die steifgeschlagene Sahne unterheben. Die Creme in den Kühlschrank stellen, vor dem Servieren Boden auf eine Platte legen und in Stücke schneiden. Kuppelförmig die Weincreme daraufstreichen, die Stücke mit dem Messer markieren. Mit Mandelblättchen bestreuen.

Süße Knabbereien

Unsere Rezepte für süßes Knabbergebäck kommen alle aus Großmamas bestem Kochbuch, wurden jedoch ganz auf Ihr Wohlbefinden, auf Natur hin, umgearbeitet.

Das war nicht einmal schwierig, denn gerade die traditionellen Rezepte fußen auf den unverfälschten Grundstoffen, wie sie vor Jahrhunderten in jeder Küche gebräuchlich waren.

Der Industriezucker war damals noch nicht gefährlicher Gast in der Küche, statt dessen wurden Honig oder Sirup verwendet, was zudem noch mit typischem Eigengeschmack würzte.

Mehl mahlte man viel weniger raffiniert aus, das sorgte noch für Charakter und Biß.

Versuchen Sie einmal diese Leckereien unserer Vorfahren – und andere Knabbereien werden Sie nicht mehr reizen! Dieses Gebäck eignet sich auch ideal als Geschenk – verpackt in hübschen Spanschachteln, Gläsern oder in Geschirr.

Unsere Bäckereien hier halten sich alle wochenlang frisch, ja, sie werden durch Lagern sogar noch besser.

Wir haben in diesen Rezepten relativ viel Honig verwendet, um auch dem Anfänger im biologischen Schlemmen voll entgegenzukommen. Bald aber wird Ihr Verlangen nach Süßem nachlassen. Sie können dann ohne weiteres die Honigmengen reduzieren. Wird der Teig zu fest, einfach mit etwas Sahne geschmeidiger machen. Auch mit anderen Getreidesorten können Sie für Abwechslung sorgen: Verwenden Sie ganz oder teilweise Hirse- oder Hafer- oder Kokosflocken

oder mischen Sie leicht angeröstete Sesamkörner in den Teig!
Übrigens kann der Honig auch ganz oder teilweise durch Zuckerrübensirup oder Apfelkraut ersetzt werden. Besonders fein ist natürlich Ahornsirup, der zudem noch apart würzt.

Altnürnberger Lebkuchen

125 g Butter
200 g Honig
1 naturreine Zitrone
1 TL Lebkuchengewürz
250 g geriebene Haselnüsse
2 Eier

4 EL Rosenwasser (aus der Apotheke)
250 g Vollkornweizen
nicht zu große runde Backoblaten

Die Butter mit dem leicht erwärmten Honig verschlagen. Abgeriebene Zitronenschale, die Gewürze, die in trockener Pfanne leicht angerösteten Nüsse sowie das Eidotter dazurühren. Den feingemahlenen Weizen dazukneten. Die Masse knapp fingerdick auf Oblaten streichen. Mit Eigelb bepinseln und in der auf 150° vorgeheizten Röhre in ca. 20 Minuten mehr trocknen als backen.

Fränkische Weiße Lebkuchen

3 Eier
250 g Honig
100 g gehackte Mandeln
100 g ungezuckertes
Orangeat oder Zitronat
½ naturreine Zitrone

1 Prise Nelkenpulver
250 g Vollkornweizen
½ TL Hirschhornsalz (gibt es
in der Apotheke)
2 EL Kirschwasser
rechteckige Backoblaten

Die Eier mit dem leicht erwärmten Honig schaumig schlagen. Dann die Mandeln, das sehr klein geschnittene Zitronat oder Orangeat, Zitronensaft, fein abgeriebene Zitronenschale und Nelkenpulver einrühren. Hirschhornsalz im Kirschwasser auflösen, dazugeben. Anschließend den feingemahlenen Weizen einarbeiten. Den Teig fingerdick auf Backoblaten streichen. Mit halbierten Mandeln und Stücken von Zitronat verzieren, 2 Stunden trocknen lassen, dann bei 150° in der vorgeheizten Röhre 20 Minuten backen.
Sie können diese Lebkuchen auch ohne Oblaten backen. Sie werden dann auf das gefettete Backblech gestrichen. Ist das Blech zu groß, das passende Stück mit einem gefalteten Alufolienstreifen abteilen. Vor dem Backen mit dem Messer Einschnitte in der Größe der gewünschten Lebkuchen in den Teig drücken. Noch heiß auf dem Blech den Einschnitten entlang zerteilen.

Elisen-Lebkuchen

250 g Rohmarzipan
250 g gemahlene
Haselnüsse
100 g ungezuckertes
Zitronat
2 Eier
100 g Honig
½ TL Zimt
1 Prise Nelkenpulver

1 TL Lebkuchengewürz
1 EL Kakao
100 g Vollkorn-Kuchen-
oder Semmelbrösel
150 g Vollkornweizen
½ naturreine Zitrone
3 EL Rum
runde Backoblaten

Die Marzipanmasse zerbröckeln. Mit den leicht angerösteten Nüssen und dem feingewürfelten Zitronat gut verkneten. Nach und nach die Eier und die mit dem leicht erwärmten Honig verrührten Gewürze einarbeiten. Kakao, Brösel und feingemahlenen Weizen vermischen, mit der abgeriebenen Zitronenschale, Zitronensaft und Rum dazugeben. Die Masse knapp zentimeterdick auf Oblaten streichen. ½–2 Tage mit einem Tuch bedeckt im Warmen trocknen lassen. Dann bei 150° in der vorgeheizten Röhre ca. 20 Minuten backen.

Anis-Ringe

250 g Vollkornweizen
125 g geriebene Mandeln
125 g Honig
3 Eidotter

1 EL Anis-Spirituosen, wie
Pernod oder Ouzo
50 g Butter
1–2 EL Anis

Vom feingemahlenen Weizen 3 EL zum Ausrollen zurücklassen. Restliches Mehl mit den Mandeln, dem leicht erwärmten Honig, Eidottern und Alkohol verkneten. Den Teig halbzentimeterdick ausrollen. Ringe (oder auch Taler oder Streifen) ausstechen oder zuschneiden. Auf das gefettete Backblech legen und mit erwärmter Butter bestreichen. In der auf 150° vorgeheizten Röhre gut 15 Minuten backen. Noch heiß noch einmal mit Butter bepinseln und sofort mit Anis bestreuen.

Butterplätzchen

200 g Butter
100 g Honig
1 großes Ei

2 EL Weinbrand
½ naturreine Zitrone
350 g Vollkornweizen

Die Butter mit Honig leicht erwärmen, mit dem Ei schaumig schlagen. Weinbrand, abgeriebene Zitronenschale und Zitronensaft einrühren. Vom feingemahlenen Weizen 3 EL zum Ausrollen zurücklassen, das übrige Mehl in den Teig kneten. Aus dem Teig einen Kloß formen, in Folie gehüllt über Nacht im Kalten ruhen lassen. Dann den Teig mit dem Mehl messerrückendick ausrollen. Beliebige Formen ausstechen. Auf ein kalt abgespültes Backblech legen und in der auf 180° vorgeheizten Röhre in ca. 10 Minuten sehr hell backen.

Eier-Kringel

250 g Vollkornweizen
1 Prise Salz
150 g Butter
50 g Honig
1 Vanillestange

5 hartgekochte Eidotter
3 rohe Eidotter
3 EL Rum
½ TL Zimt
Fett für das Blech

Den feingemahlenen Weizen mit Salz vermischen. Butter
mit Honig und Vanillemark unter Rühren leicht erwärmen.
Harte Eidotter mit der Gabel zerdrücken. Mit Mehl, der But-
ter-Honig-Masse, rohen Eidottern, Rum und Zimt verkneten. Aus dem Teig kleinfingerdicke Rollen formen, zu Rin-
gen zusammenlegen. Auf das gefettete Backblech setzen
und in der auf 180° vorgeheizten Röhre 10–12 Minuten
backen.

Haferflocken-Plätzchen

4 Eiweiß
125 g Honig
1 Vanillestange
1 Prise Zimt

250 g Vollkorn-
Haferflocken
1–2 EL Vollkornmehl für das
Blech

Das Eiweiß sehr steif schlagen, langsam den leicht erwärmten, mit Vanillemark und Zimt vermischten Honig unterrühren. Dann löffelweise die Haferflocken unterziehen. Mit
zwei in kaltes Wasser getauchten Teelöffeln Häufchen vom
Teig auf ein leicht bemehltes Blech setzen. Die Plätzchen in
der auf 150° vorgeheizten Röhre mehr trocknen als backen.
Dazu gibt es viele leckere Variationen: Mischen Sie zur Abwechslung einmal Kakao in die Haferflockenmasse. Oder

leicht angeröstete geriebene Haselnüsse. Oder Sesamsamen. Oder Zitronensaft und abgeriebene Schale von naturreiner Zitrone. Oder ungezuckertes, kleingeschnittenes Zitronat. Oder ungeschwefelte Rosinen. Oder gehackte ungeschwefelte Aprikosen. Oder Kokosraspel.

Nach dem gleichen Rezept können Sie auch **Hirseflocken-Plätzchen** backen.

Herzogin-Kugeln

¼ l Milch
60 g Butter
120 g Honig
1 Prise Salz
250 g Vollkornweizen
4 Eier

1 naturreine Apfelsine
100 g Rosinen
2 EL Rosenwasser (aus der Apotheke)
Fett für das Blech

Die Milch mit der Butter aufkochen, dann auf Handwärme abkühlen lassen. 100 g Honig, Salz, den feingemahlenen Weizen, 3 Eidotter und das steifgeschlagene Eiweiß, abgeriebene Apfelsinenschale und Apfelsinensaft untermischen. Rosinen mit Rosenwasser durchziehen lassen, während der Teig ca. 30 Minuten ruht.
Aus dem Teig walnußgroße Kugeln formen, mit Eigelb bepinseln. In den Rosinen wälzen, die Rosinen gut festdrükken. Die Kugeln auf das gefettete Backblech legen, in der auf 160° vorgeheizten Röhre 15–18 Minuten backen.

Honig-Leckerli

400 g Honig
100 g Butter
300 g Vollkornweizen
½ TL Backpulver
1 EL Rosenwasser (aus der
Apotheke)

1 EL Rum
½ naturreine Zitrone
je 1 Prise Zimt, Ingwer und
Kardamom
100 g gerieben Mandeln
Fett für das Blech

300 g Honig mit der Butter erwärmen. Rosenwasser, Rum
und Zitronensaft einrühren. Den feingemahlenen Weizen
mit Backpulver, abgeriebener Zitronenschale, Zimt, Ingwer,
Kardamom und den Mandeln gut vermischen, langsam unterkneten. Ein kleines Blech fetten, den Teig fingerdick daraufstreichen. Bei 180° in der Röhre gut 15 Minuten backen,
noch heiß in Rauten oder kleine Rechtecke oder Streifen
schneiden. Mit dem restlichen Honig bepinseln.

Ingwer-Brot

150 g Butter
⅛ l Sahne
200 g Honig
½ naturreine Zitrone
1 Prise gemahlene
Muskatnuß
1–2 EL Ingwerpulver
4 Eier

50 g ungeschwefelte
Rosinen
50 g ungezuckertes Zitronat
50 g ungezuckerte Ingwer-
stücke aus der Dose
300 g Vollkornweizen
1 TL Backpulver
Fett für das Blech

Die Butter leicht erwärmen, mit Sahne und Honig schaumig
rühren. Die abgeriebene Zitronenschale, Muskat, Ingwerpulver und das kleingeschnittene Zitronat, gehackten

Ingwer, Rosinen und Eigelb untermischen. Zuletzt das steif-geschlagene Eiweiß und den feingemahlenen Weizen ein-arbeiten. Den Teig auf ein kleines gefettetes Backblech oder in eine große gefettete Form streichen, bei 180° je nach Dicke ca. 15 Minuten backen. Noch heiß in Stückchen schneiden.

Kastanien-Stangen

140 g Butter
1 Ei
100 g Honig
Mark von ½ Vanillestange
1 EL Rum

150 g gekochte Kastanien
(geschält gewogen)
140 g Vollkornweizen
1 TL Backpulver
Fett für die Form

Butter mit Eidotter, dem leicht erwärmten Honig, Vanille-mark und Rum schaumig rühren. Die noch warmen Kasta-nienkerne durch die Kartoffelpresse drücken und dazuge-ben. Vom feingemahlenen Weizen 2 EL zum Ausarbeiten zu-rücklassen. Das übrige Mehl mit dem Backpulver vermi-schen und in die Kastanienmasse einkneten. Fingerlange, fingerdicke Stangen formen und auf das gefettete Backblech legen. In der auf 180° vorgeheizten Röhre ca. 12 Minuten backen. Noch heiß mit Eiweiß bepinseln.

Kokos-Häufchen

250 g Kokosraspel
150 g Vollkornweizen
½ naturreine Zitrone

200 g Honig
5 Eiweiß

Kokosraspel in der trockenen Pfanne leicht anrösten. Mit dem feingemahlenen Weizen (ca. 2 EL zum Bestäuben des Backblechs zurücklassen!) und abgeriebener Zitronenschale vermischen. Den Honig leicht erwärmen, darüberträufeln. Eiweiß sehr steif schlagen, langsam den Zitronensaft mit einrühren. Auf den übrigen Zutaten verteilen, dann alles gut vermischen. Mit zwei in kaltes Wasser getauchten Teelöffeln Häufchen auf das bemehlte Blech setzen. In der auf 150° vorgeheizten Röhre in ca. 20 Minuten mehr trocknen als bakken. Nach Belieben Kakao unterrühren.

Mandoletti

1 großes Ei
125 g Honig
125 g geriebene Mandeln
125 g Vollkornweizen
50 g Vollkorn-Semmel-
oder Kuchenbrösel
2 EL Kirschwasser

½ naturreine Zitrone
je 1 Prise Zimt und
Nelkenpulver
Fett für das Blech
ca. 50 g ganze
Mandelkerne

Das Ei mit dem leicht erwärmten Honig gut verrühren. Geriebene Mandeln, den feingemahlenen Weizen (2 EL zum Ausarbeiten zurücklassen!), die mit Kirschwasser befeuchteten Brösel, abgeriebene Zitronenschale, Zimt und Nelkenpulver dazugeben. Den Teig zu Kugeln formen, etwas flachdrücken. Auf das gefettete Backblech legen, jeweils eine geschälte Mandelhälfte in die Mitte drücken. In der auf 180° vorgeheizten Röhre ca. 12 Minuten backen.

Schoko-Mandel-Plätzchen

200 g geriebene Mandeln	Mark von 1 Vanillestange
3 Eier	150 g Vollkornweizen
3 EL Kakao	125 g Honig
½ TL Zimt	Fett für das Blech

Die Mandeln, Eier, den Kakao, Zimt, Vanillemark und den feingemahlenen Weizen mit dem leicht erwärmten Honig verkneten. Mit 2 Teelöffeln Häufchen davon auf ein gefettetes Backblech setzen, leicht plattdrücken. In der auf 180° vorgeheizten Röhre ca. 12 Minuten backen.

Spritzgebäck

200 g Butter	200 g Vollkornweizen
150 g Honig	100 g geriebene Haselnüsse
3 Eier	Fett für das Blech

Die Butter mit dem Hong leicht erwärmen. Eier einrühren. Den feingemahlenen Weizen mit den Nüssen vermischen, dazugeben. Den Teig in einen Spritzbeutel füllen, 1 Stunde ruhen lassen. Dann auf das gefettete Backblech verschiedene Formen spritzen. In der auf 180° vorgeheizten Röhre ca. 15 Minuten backen.

Register, alphabetisch geordnet

Register, nach Sachgruppen geordnet